新时代企业职工爱国主义教育关键词

本书编写组/编

中国工人出版社

前言

爱国激励前行　奋斗成就梦想

在革命、建设、改革各个历史时期，中国共产党始终坚持全心全意依靠工人阶级的方针，激励一代代劳动者接续奋斗，取得了一个又一个胜利，铸就中国大踏步赶上世界潮流的发展奇迹。

近百年来，在中华民族奋发图强的史册上，更是镌刻着广大工人群体的荣光。从“宁愿一人脏，换来万家净”的淘粪工人时传祥、“宁肯少活二十年，拼命也要拿下大油田”的“铁人”王进喜，到技术型工人包起帆、许振超，再到大国工匠高凤林、罗昭强……不同的岗位，同样的爱国精神、劳模精神，鼓舞着一代代中国人奋发有为。

党的十八大以来，以习近平同志为核心的党中央十分关心工人阶级和广大劳动群众。习近平总书记多次发表重要讲话，强调必须全心全意依靠工人阶级，牢固树立劳动最光荣、劳动最崇高、劳动最伟大、劳动最美丽的观念，指出“人世间的美好梦想，只有通过诚实劳动才能实现；发展中的各种难题，只有通过诚实劳动才能破解……”

当今世界，正经历百年未有之大变局。世界经济版图发生的深刻变化前所未有，发达国家和发展中国家在国际分工体系中的地位、角色发生着重大转变。

当今中国，社会主要矛盾发生新变化，经济已由高速增长阶段转向高质量发展阶段，正处于中华民族伟大复兴关键时期。同时，伴随着新一轮科技革命和产业变革重构全球产业版图、重塑全球经济结构，为我国推动高质量发展创造了千载难逢的机遇。

党的十九届六中全会召开，全面总结了党的百年奋斗重大成就和历史经验。党确立习近平同志党中央的核心、全党的核心地位，确立习近平新时代中国特色社会主义思想的指导地位，反映了全党、全军、全国各族人民的共同心愿，对新时代党和国家事业发展、对推进中华民族伟大复兴历史进程具有决定性意义。

面对严峻复杂的国际、国内形势和艰巨繁重的改革、发展、稳定任务，面对实现中华民族伟大复兴中国梦的宏伟目标，工人阶级和广大劳动群众责任重大、使命光荣。

习近平总书记指出："对每一个中国人来说，爱国是本分，也是职责，是心之所系、情之所归。"爱国不能停留在口号上、情感上，而是要将个人命运与国家的前途命运紧密相连，把对祖国的热爱之情转化为促进改革发展稳定的实际行动。

在中国共产党成立百年、迎接党的二十大召开之际，我们出版此书，以激励广大职工发扬爱国主义精神，立足本职、胸怀全局，自觉把人生理想、家庭幸福融入国家富强、民族复兴的伟业之中，把个人梦与中国梦紧密联系在一起，"撸起袖子加油干"，以国家主人翁姿态为实现中国梦而奋斗。

编　者

目录

第一章

高举红色旗帜前行

坚持用习近平新时代中国特色社会主义思想武装全党、教育人民。习近平新时代中国特色社会主义思想是马克思主义中国化的最新成果，是党和人民实践经验和集体智慧的结晶，是中国特色社会主义理论体系的重要组成部分，是全党全国人民为实现中华民族伟大复兴而奋斗的行动指南，必须长期坚持并不断发展。

——《新时代爱国主义教育实施纲要》

1

习近平新时代中国特色社会主义思想

/ 时代内涵 /

习近平新时代中国特色社会主义思想，是对马克思列宁主义、毛泽东思想、邓小平理论、“三个代表”重要思想、科学发展观的继承和发展，是马克思主义中国化的最新成果，是党和人民实践经验和集体智慧的结晶，是中国特色社会主义理论体系的重要组成部分，是全党全国人民为实现中华民族伟大复兴而奋斗的行动指南，必须长期坚持并不断发展。

2017 年 10 月 24 日，党的十九大通过的《中国共产党章程》指出，党的十八大以来，以习近平同志为主要代表的中国共产党人，顺应时代发展，从理论和实践结合上系统回答了新时代坚持和发展什么样的中国特色社会主义、怎样坚持和发展中国特色社会主义这个重大时代课题，创立了习近平新时代中国特色社会主义思想。

伟大复兴的“行动指南”

时代是思想之母，实践是理论之源。

在建党百年的风雨历程中，党和人民在长期的实践和探索中，坚持独立自主地走自己的路，取得了革命、建设、改革伟大胜利，开创和发展了中国特色社会主义，从根本上改变了国家和民族的前途与命运。

实践一次又一次地证明，只有社会主义才能救中国，只有中国特色社会主义才能发展，中国只有坚持和发展中国特色社会主义才能实现中华民族伟大复兴。

当今中国正处于近代以来最好的发展时期。在新中国成立以来，特别是改革开放以来取得的巨大成绩的基础上，我们站在了新的历史起点上。国家的经济实力、科技实力、国防实力、综合国力、国际影响力显著提升。与此同时，我们也面临着许多前所未有的挑战和困难。

在新时代的背景下，以习总书记为核心的党中央提出了一系列新理念、新思想、新战略，出台了一系列重大方针政策，形成了习近平新时代中国特色社会主义思想。习近平新时代中国特色社会主义思想正是中华民族在站起来、富起来到强起来的伟大飞跃过程中创立并不断丰富发展的。

习近平新时代中国特色社会主义思想的核心内容是“八个明确”和“十四个坚持”。

“八个明确”，就是明确坚持和发展中国特色社会主义；明确新时代我国社会主要矛盾；明确中国特色社会主义事业总体布局是“五位一体”，战略布局是“四个全面”，强调坚定“四个自信”；明确全面深化改革总目标是完善和发展中国特色社会主义制度，推进国家治理体系和治理能力现代化；明确全面推进依法治国总目标是建设中国特色社会主义法治体系，建设社会主义法治国家；明确党在新时代的强军目标是建设一支听党指挥、能打胜仗、作风优良的人民军队，把人民军队建设成世界一流军队；明确中国特色大国外交要推动构建新型国际关系，推动构建人类命运共同体；明确中国特色社会主义最本质的特征是坚持中国共产党领导。

“十四个坚持”，就是坚持党对一切工作的领导，坚持以人民为中心，坚持全面深化改革，坚持新发展理念，坚持人民当家作主，坚持全面依法治国，坚持社会主义核心价值体系，坚持在发展中保障和改善民生，坚持人与自然和谐共生，坚持总体国家安全观，坚持党对人民军队的绝对领导，坚持“一国两制”和推进祖国统一，坚持推动构建人类命运共同体，坚持全面从严治党。

为人民谋幸福，为民族谋复兴，为世界谋大同是全面把握习近平新时代中国特色社会主义思想的金钥匙。

2

“四个自信”

/ 时代内涵 /

“四个自信”，即中国特色社会主义道路自信、理论自信、制度自信、文化自信。

2016 年 7 月 1 日，“四个自信”由习总书记在中国共产党成立 95 周年大会上明确提出。这是对党的十八大提出的中国特色社会主义三个自信的创造性拓展和完善。

“四个自信”底气十足

时光荏苒，岁月如歌。

中国共产党诞生之后的 100 年，在人类历史长河中只是短暂一瞬，在中华民族发展史上也是弹指之间，却如此深刻地改变了中华民族和中国人民的命运。我们的祖国从来没有像今天这样欣欣向荣、蒸蒸日上。我们的民族也从来没有像今天这样扬眉吐气、自信满怀。我们的人民也从来没有像今天这样幸福安康、意气风发。

回忆往昔，中华大地沧桑巨变，沧海桑田。

你可曾记得：100年前的旧中国，战火弥漫、山河破碎，国家和民族积贫积弱，一穷二白；而100年后的今天，中国早已旧貌换新颜，中华民族伟大复兴的壮丽历程，持续向前。你可曾记得：100多年前的旧中国，百姓命运多舛、颠沛流离、命如草芥；而100年后的今天，人民的物质文化生活已经得到了极大的改善。

在巨大的历史成就面前，当今世界，如果说哪个政党、哪个国家、哪个民族有自信底气的话，那么中国共产党、中华人民共和国、中华民族是最有理由自信的。在改革发展的历史进程中，中国特色社会主义道路、理论、制度、文化是经过全党以及全国各族人民长期奋斗取得的，也是经过长期实践检验的产物。我们的道路自信、理论自信、制度自信、文化自信来源于实践，来源于人民，来源于真理。

道路自信是对发展方向和未来命运的自信。历史的实践一再证明：中国特色社会主义道路是实现社会主义现代化、创造人民美好生活的必由之路；是实现中华民族伟大复兴的必由之路。

理论自信是对中国特色社会主义理论体系的科学性、真理性、正确性的自信。坚持理论自信就是要全党和全国人民坚定对马克思主义基本理论、中国特色社会主义理论体系的正确性和真理性的信念。

制度自信就是对中国特色社会主义制度具有制度优势的自信。近代以来的历史证明，中国特色社会主义制度是最适应中国特色社会主义现代化建设、保证各项事业顺利开展的制度体系。

文化自信是对中国特色社会主义先进性的自信。文化自信是更基本、更深沉、更持久的力量。历史和现实都表明，一个抛弃了或者背叛了自己历史文化的民族，不仅不可能发展起来，而且很可能上演一场历史悲剧。

新时代，实现中华民族伟大复兴，必须坚定中国特色社会主义的道路自信、理论自信、制度自信、文化自信。新时代坚定“四个自信”就能毫无畏惧面对一切困难和挑战，就能坚定不移开辟新天地、创造新奇迹。

3

“四个全面”战略布局

/ 时 代 内 涵 /

“四个全面”战略布局，即协调推进全面建成小康社会、全面深化改革、全面依法治国、全面从严治党，推动改革开放和社会主义现代化建设迈上新台阶。

2015 年 1 月 23 日，习总书记在主持十八届中央政治局第二十次集体学习时指出，这“四个全面”是当前党和国家事业发展中必须解决好的主要矛盾。

回应人民关切的“顶层设计”

人民对美好生活的向往就是我们的奋斗目标。

只有奋斗的人生才称得上幸福的人生。

100 年来，我们党带领人民、依靠人民，在实现国家富强、民族复兴的征程上，不断创造了属于人民群众自己的美好生活。

世界正处在十字路口，各国面临何去何从的战略选择，有的在路口徘徊，有的在路上踌躇。

新时代，中国特色社会主义事业“五位一体”总体布局和“四个全面”战略布局，是中国人在历史纵深中深刻理解和把握国情民情，在艰辛实践中探索出来的道路。

2014 年 11 月，习总书记在福建考察时提出了“协调推进全面建成小康社会，全面深化改革，全面推进依法治国进程”的“三个全面”。

2014 年 12 月，习总书记在江苏调研时则将“三个全面”上升为“四个全面”，新增了“全面从严治党”。2016 年 10 月，中国共产党第十八届中央委员会第 6 次全体会议审议通过了《关于新形势下党内政治生活的若干准则》和《中国共产党党内监督条例》，对全面从严治党重大问题作出部署。

全面建成小康社会是战略目标，在“四个全面”中居于引领地位，全面深化改革、全面依法治国、全面从严治党是三大战略举措，为如期全面建成小康社会提供重要保障。三大战略举措对实现全面建成小康社会战略目标一个都不能缺。

“四个全面”的提出，使得当前和今后一个时期，党和国家各项工作关键环节、重点领域、主攻方向更加清晰，内在逻辑更加严密，治国理政总体框架更加完整。

4

以人民为中心

/ 时代内涵 /

2015 年 10 月 26 日至 29 日，党的十八届五中全会在北京召开。全会通过的《中共中央关于制定国民经济和社会发展第十三个五年规划的建议》强调，必须坚持以人民为中心的发展思想，把增进人民福祉、促进人的全面发展作为发展的出发点和落脚点，发展人民民主，维护社会公平正义，保障人民平等参与、平等发展权利，充分调动人民积极性、主动性、创造性。

同年 11 月 23 日，习总书记在主持中央政治局第二十八次集体学习时指出，坚持以人民为中心的发展思想，这是马克思主义政治经济学的根本立场。

一枝一叶总关情

人民立场是中国共产党的根本政治立场。

失去了人民的拥护和支持，党的事业和工作就无从谈起。践行以人民为中心的发展思想，体现了我们党全心全意为人民服务的根本宗旨，体现了人民是推动发展的根本力量的唯物史观。

群众路线是我们党的生命线和传家宝，无论什么时候，我们都要坚持一切为了群众，一切依靠群众，从群众中来到群众中去，把党的正确主张变为群众的自觉行动。

新中国一路走来，我们党始终把人民拥护不拥护、赞成不赞成、高兴不高兴、答应不答应，作为根本标准和价值取向。时代是出卷人，共产党人是答卷人，人民是阅卷人。坚持以人民为中心的发展思想，深刻回答了“我们党为了谁、依靠谁、我是谁”的根本立场问题，集中体现了以习近平同志为核心的党中央人民至上的不懈追求，彰显了共产党人的初心与本色。

新时代，我国社会主要矛盾已经转化为人民日益增长的美好生活需要和不平衡不充分的发展之间的矛盾。新时代体现出新特点、新特征，也为我们的工作提出了新任务、新要求。发展不平衡不充分的问题，已经成为满足人民日益增长的美好生活需要的主要制约因素。习总书记指出，“发展是解决我国一切问题的基础和关键”“必须坚持以人民为中心的发展思想，不断促进人的全面发展、全体人民共同富裕”。

近年来，在党和政府的努力下，教育医疗，住房食品安全等民生痛点问题得到明显缓解。但是与老百姓更高质量的生活需求还有一定差距。新时代，必须以钉钉子精神抓民生，一件接着一件办，一年接着一年干，承诺了的就一定要兑现，做到件件有着落，事事有回声，让群众看到变化、得到实惠，让人民有更多获得感、幸福感、安全感。

5

“四个意识”

/ 时代内涵 /

“四个意识”，即政治意识、大局意识、核心意识、看齐意识。

该概念是在 2016 年 1 月 29 日中共中央政治局会议上最早提出的。2016 年 7 月 1 日，习总书记在庆祝中国共产党成立 95 周年大会上的讲话中强调，全党同志要增强政治意识、大局意识、核心意识、看齐意识，切实做到对党忠诚、为党分忧、为党担责、为党尽责。

党的十八届六中全会通过的《关于新形势下党内政治生活的若干准则》强调，全党必须牢固树立政治意识、大局意识、核心意识、看齐意识，自觉在思想上、政治上、行动上同党中央保持高度一致。

凝聚民族复兴的“磅礴力量”

办好中国的事情，关键在党。

中国共产党的领导，是中国特色社会主义最本质的特征，是总结中国革命建设和改革历程得出的最根本结论。

新时代，在实现中华民族伟大复兴的壮阔征程中，只有坚持和加强党的全面领导推动，全面从严治党，增强“四个意识”，坚定“四个自信”，做到“两个维护”，不断增强党的创造力、凝聚力、战斗力，才能更好汇聚起同心共筑中国梦的磅礴力量，开创中华民族更加美好的未来。

必须深刻认识到：强化“四个意识”，是确保全党统一意志、统一行动，确保我们党始终成为中国特色社会主义事业坚强领导力量的必然要求，是推进全面从严治党的关键。

新时代，我国的改革发展已经进入攻坚期和深水期。我们党面临着长期执政的考验，改革开放的考验，市场经济的考验和外部环境的考验。毋庸讳言，在考验面前，在风险面前，在利益诱惑面前，一些党员干部不同程度地存在着观念淡漠、组织涣散、纪律松弛的问题，理想信念动摇，宗旨意识淡化，理论水平不高，执政能力不强，事业心和责任心不足；一些党组织存在着党的领导弱化，管党治党失之于宽、松、软的状况。精神懈怠的危险，能力不足的危险，脱离群众的危险以及腐化腐败的危险，严重地削弱了党的领导力和战斗力，损害了党同人民群众的联系，影响了党的执政地位和执政使命。

有效应对这些问题，增强“四个意识”，对加强党的建设、保证国家长治久安意义重大。

“四个意识”是统一整体，为的都是确保全党方向和立场坚定正确，确保局部和整体协调一致，确保团结和集中统一，确保队伍整齐有力。

“知者行之始，行者知之成。”新时代，广大党员干部群众应把“四个意识”转化为在党爱党、在党言党、在党忧党、在党为党的切实行动，不断书写全面从严治党新篇章，不断开创中国特色社会主义事业新局面。

6

“两个维护”

/ 时代内涵 /

“两个维护”是指坚决维护习总书记党中央的核心、全党的核心地位，坚决维护党中央权威和集中统一领导。

确立和维护习总书记党中央的核心、全党的核心地位，是全党全国各族人民的共同愿望，是推进全面从严治党，提高党的创造力、凝聚力、战斗力的迫切要求，是保持党和国家事业发展正确方向的根本保证。

坚定维护党中央权威和集中统一领导，是党的领导的最高原则，任何时候任何情况下都不能含糊、不能动摇。

“两个维护”不可动摇

党政军民学，东西南北中，党是领导一切的。

在党成立之前，中华民族身处战火和硝烟之中，面临亡国灭种的危险。为了拯救民族于危亡，太平天国运动、洋务运动、维新变法、辛亥革命……

无数的仁人志士一次次奋起前行，却又一次次抱憾而终。直到中国共产党成立，带领人民推翻了“三座大山”，建立了新中国，才从根本上扭转了中华民族的历史命运。

新中国成立初期，曾有人断言：中国共产党只能打天下，不能坐天下。甚至在新中国成立后，对究竟实行哪种社会制度，很多人曾存在不同的看法。我们党坚持认为：只有社会主义才能救中国。实践证明了党的正确抉择。新中国成立 70 余年来，我们不仅巩固和发展了社会主义，还开创了中国特色社会主义道路，并将这条道路越走越宽，取得了举世瞩目的成就。

显然，长期以来，党的领导核心地位不是自封的，而是在长期革命建设和改革的实践中形成的，是历史和人民的选择。

新时代，习总书记党中央的核心、全党的核心地位，也是在新的伟大斗争实践中形成的。党的十八大以来，习总书记带领全国各族人民开辟了中国特色社会主义新时代，推动党和国家事业取得历史性成就，发生历史性变革，赢得了全党全国各族人民衷心拥护，赢得了国际社会高度赞誉。党的十八届六中全会正式确立了习总书记党中央的核心、全党的核心地位。党的十九大把习总书记党中央的核心、全党的核心地位写入党章。服从核心、维护核心就是服从大局与维护大局，就是最大的政治。

同时，党的历史、新中国发展的历史表明，要治理好我们这个大党，治理好我们这样一个大国，保证党的团结和集中统一至关重要，维护党中央权威至关重要。新时代，维护党中央权威和集中统一领导，必须对党忠诚。

7

全面从严治党

/ 时代内涵 /

全面从严治党，是党的十八大以来党中央作出的重大战略部署，是“四个全面”战略布局的重要组成部分。全面从严治党，核心是加强党的领导，基础在全面，关键在严，要害在治。

2017 年 10 月 18 日，习总书记在党的十九大报告中提出“新时代党的建设总要求”：坚持和加强党的全面领导，坚持党要管党、全面从严治党，以加强党的长期执政能力建设、先进性和纯洁性建设为主线，以党的政治建设为统领，以坚定理想信念宗旨为根基，以调动全党积极性、主动性、创造性为着力点，全面推进党的政治建设、思想建设、组织建设、作风建设、纪律建设，把制度建设贯穿其中，深入推进反腐败斗争，不断提高党的建设质量，把党建设成为始终走在时代前列、人民衷心拥护、勇于自我革命、经得起各种风浪考验、朝气蓬勃的马克思主义执政党。

全面从严治党永远在路上

治国必先治党，治党务必从严。全面从严治党，是党的十八大以来党中央抓党的建设的鲜明主题。

“打铁还需自身硬。我们的责任，就是同全党同志一道，坚持党要管党、从严治党，切实解决自身存在的突出问题，切实改进工作作风，密切联系群众，使我们党始终成为中国特色社会主义事业的坚强领导核心。”2012 年 11 月 15 日，党的十八大上刚刚当选的中共中央总书记习近平面对中外记者庄严承诺。

党的十八大以来，我们有腐必反，有贪必肃，以史无前例的决心和力度打虎、拍蝇、猎狐，保持了惩治腐败的高压态势，产生强大的威慑力。

同时，党风政风焕然一新。长期以来，“四风”等问题具有顽固性、反复性等特点，广大群众深恶痛绝，反应强烈。几年来，从出台中央八项规定到发布各种禁令，坚决遏制舌尖上的浪费，整治车轮上的腐败……我们党以踏石留印、抓铁有痕的态度，狠抓作风建设，使党风政风逐渐清朗，带动社会风气向善向好。

国家统计局数据显示，近年来人民群众对全国党风廉政建设满意度逐年攀升，从党的十八大召开时的约 75% 提升为接近 95%，增加了近 20 个百分点。

新时代，全面从严治党永远在路上。作风建设是攻坚战、持久战，必须以滚石上山的劲头，锲而不舍、持之以恒，一抓到底、永不止步。腐败是社会的毒瘤，是我们党面临的最大的威胁，必须时刻绷紧惩治腐败这根弦，标本兼治，夯实制度基础，把权力关进笼子里。

新时代，全面从严治党必须落实好“两个责任”，即党委负主体责任，纪委监察委负监督责任。深化国家监察体制改革，高质量推进国家监督体系建设。

8

八项规定

/ 时代内涵 /

八项规定，即中央八项规定，具体内容为：强调改进调查研究、精简会议活动、精简会议文件简报、规范出访活动、改进警卫工作、改进新闻报道、严格文稿发表、厉行勤俭节约。

2012 年 12 月 4 日，中共中央政治局召开会议审议通过了中央政治局《关于改进工作作风、密切联系群众的八项规定》，不断强化党的作风建设。

作风建设永远在路上

党的作风是党的形象，是观察党群干群关系、人心向背的晴雨表。

回溯历史，红军好作风暖了百姓心，“苏区干部好作风”广为传唱，我们党赓续传承的优良作风，堪称一个百年大党的鲜明标识。

习总书记强调：“我们党作为一个在中国长期执政的马克思主义政党，对作风问题任何时候都不能掉以轻心。”

党的十八大以来，以习近平同志为核心的党中央，坚定推进全面从严治党，制定和落实中央八项规定，开展党的群众路线教育实践活动，深入开展“不忘初心、牢记使命”主题教育，坚决反对形式主义、官僚主义、享乐主义和奢靡之风，持之以恒抓作风建设。

近年来，在全国范围内集中开展漠视侵害群众利益问题专项整治，是党中央结合党的作风建设部署的一项重大任务。据统计，截至2020年初，全国纪检监察机关共查处漠视侵害群众利益问题9.80万起，处理13.01万人，31个省（区、市）和新疆生产建设兵团以本级纪委监委名义公开曝光87批359起漠视侵害群众利益问题典型案例。通过集中攻坚，有效解决了一批群众身边的操心事、烦心事、揪心事，专项整治取得阶段性工作成果。

但是，我们也应该深刻认识到：冰冻三尺，非一日之寒。“四风”问题的形成，并非一日之功，其不仅具有危害性、传染性，而且具有顽固性和反复性——党的作风建设不能止步，容不得半点松懈。当前，在诸多地方、诸多领域，堂而皇之的顶风作案虽然少了，但是改头换面的吃喝问题依然存在；“门难进”“脸难看”等基本问题虽然有所改观，但是“话难说”“事难办”还不同程度地存在……

简言之，作风建设无法一蹴而就，必须踏石留印、抓铁有痕，持之以恒、久久为功。

新时代，作风建设永远在路上，永远没有休止符。我们要笃定“越是艰险越向前”的决心，保持“咬定青山不放松”的定力，坚持不懈推动中央八项规定精神落实、驰而不息纠治“四风”。

新时代，我们必须以好作风护航改革发展新征程，不断开辟“中国之治”新境界。

9

八个执政本领

/ 时代内涵 /

党的十九大对全党提出，要全面增强八个执政本领的要求，即增强学习本领、增强政治领导本领、增强改革创新本领、增强科学发展本领、增强依法执政本领、增强群众工作本领、增强狠抓落实本领、增强驾驭风险本领。

全面增强执政本领，刻不容缓

领导近 14 亿人的社会主义大国，我们党既要政治过硬，也要本领过硬。习总书记强调，全党同志特别是各级领导干部，都要有本领不够的危机感，都要努力增强本领，都要一刻不停地增强本领。

增强执政本领是进入新时代应对新挑战的必然要求。

新时代，我们党的执政环境发生了翻天覆地的变化，尤其是伴随着互联网为代表的新兴科技的快速发展，给未来社会的发展注入了很多不确定性因素。

新时代，推进社会主义现代化建设，实现中华民族伟大复兴，我们党面临着执政考验、改革开放考验、市场经济考验、外部环境考验共四大考验。同时，还面临着精神懈怠的危险、能力不足的危险、脱离群众的危险、消极腐败的危险共四种危险。

在这样的背景下，实现中华民族伟大复兴事业必须依靠党的领导。中国共产党人能不能打仗，新中国的成立已经说明了；中国共产党人能不能搞建设搞发展，改革开放的推进也已经说明了；那么，中国共产党能不能在日益复杂的国际国内环境下，坚持住党的领导，坚持和发展中国特色社会主义，还需要一代又一代共产党人继续作出回答。

当下，各级党员干部要想攻坚克难、与时俱进，就要不断提升执政能力、执政水平，以更加坚强有力的领导，承担起更为重大的责任。

10

关键少数

/ 时代内涵 /

关键少数，是指领导干部。

首次提出：2015 年 2 月 2 日，省部级主要领导干部学习贯彻党的十八届四中全会精神，全面推进依法治国专题研讨班在中央党校开班，习总书记在开班式上强调，各级领导干部在推进依法治国方面肩负着重要责任，全面依法治国必须抓住领导干部这个“关键少数”。

着力培养“忠诚、干净、担当”的干部队伍

为政之要，莫先于用人。

一个政党、一个国家能不能培养出优秀的领导人才，很大程度上决定着这个政党、这个国家的兴衰与存亡。

我们党历来高度重视选贤任能，从“才德兼备、任人唯贤”到“又红又专”，从“革命化、年轻化、知识化、专业化”到“德才兼备、以德为先、

任人唯贤”，始终把选人用人作为关系党和人民事业的关键性、根本性问题来抓。打开中国共产党的历史，一代代共产党人勇往直前，抛头颅、洒热血，书写了坚守初心和使命的壮丽篇章。

革命战争时代，李大钊、蔡和森、方志敏、杨靖宇、赵一曼……无数革命先烈以铮铮铁骨、血肉之躯，为中华民族独立和人民解放前赴后继；和平建设时期，雷锋、焦裕禄、王进喜、孔繁森、杨善洲、罗阳……无数先锋模范以赤诚之心担使命，为民族富强呕心沥血。从这个角度来讲，中国共产党的百年发展历程，就是无数优秀党员干部践行初心和使命的历程。

党的十八大以来，习总书记对干部培养提出了一系列新的要求。这些新要求归结起来就是忠诚、干净、担当。忠诚、干净、担当是干部最基本的政治要求，是其应具备的政治品格。

新时代，我们党强调干部要做到忠诚、干净、担当，具有很强的现实针对性。现在大多数领导干部政治上是可靠的，作风上也是良好的。但是，我们也应该看到：干部队伍建设中仍然存在一些老毛病、新问题。比如有的党员干部妄议大政方针，有的乐于搞“小圈子”，有的怠政渎职等。这些问题都严重破坏了党的团结和集中统一，严重破坏着党员干部队伍形象，严重影响着党和人民事业的发展。

新时代，我们党必须要做好干部工作，遵循干部成长规律，强化实践锻炼，培养造就一代又一代可靠的接班人。新时代，我们党必须坚持党管人才的原则，聚天下英才而用之，让各类人才都能书写人生华章。

第二章

幸福是奋斗出来的

深入开展中国特色社会主义和中国梦教育。

中国特色社会主义集中体现着国家、民族、人民根本利益。要高举中国特色社会主义伟大旗帜，广泛开展理想信念教育。在历史与现实、国际与国内的对比中，引导人们深刻认识中国共产党为什么“能”、马克思主义为什么“行”、中国特色社会主义为什么“好”，牢记红色政权是从哪里来的、新中国是怎么建立起来的，倍加珍惜我们党开创的中国特色社会主义，不断增强道路自信、理论自信、制度自信、文化自信。

要深入开展中国梦教育，引导人们深刻认识中国梦是国家的梦、民族的梦，也是每个中国人的梦，深刻认识中华民族伟大复兴绝不是轻轻松松、敲锣打鼓就能实现的，要付出更为艰巨、更为艰苦的努力，争做新时代的奋斗者、追梦人。

——《新时代爱国主义教育实施纲要》

1

中国梦

/ 时代内涵 /

中国梦，是党的十八大以来，习总书记所提出的重要指导思想和重要执政理念，正式提出于2012年11月29日。习总书记把“中国梦”定义为“实现中华民族伟大复兴，就是中华民族近代以来最伟大的梦想”，并且表示这个梦“一定能实现”。

“中国梦”的核心目标也可以概括为“两个一百年”的奋斗目标：到2021年中国共产党成立100周年和2049年中华人民共和国成立100周年时，逐步并最终顺利实现中华民族的伟大复兴；具体表现是国家富强、民族振兴、人民幸福；实现途径是走中国特色社会主义道路、坚持中国特色社会主义理论体系、弘扬民族精神、凝聚中国力量；实施手段是政治、经济、文化、社会、生态文明“五位一体”建设。

新时代，我们都是追梦人

中华民族源远流长，中华文明在世界上曾经领潮流和时代之先。然而，到了近代，由于西方列强的侵略、自身封建制度的衰朽、闭关锁国跟不上时代发展的潮流，中华民族逐渐沦落，甚至在西方列强枪炮下苟延残喘。中国近代史就是一部中华文明的血泪史。

因此，近代以来，救亡和进步就成为中华民族的两大历史任务，实现中华民族伟大复兴就成为中国人民的美好愿望。

民主革命时期，孙中山曾大声疾呼“振兴中华”。新中国成立后，中国共产党就提出了实现四个现代化的目标。改革开放以来，邓小平提出的分“三步走”基本实现社会主义现代化战略，为中华民族振兴和社会主义发展描绘了美好的蓝图。

新时代，习总书记提出了“中国梦”，强调实现中华民族伟大复兴就是中华民族近代以来最伟大的梦想。站在新的历史起点上，习总书记豪情满怀地说：“我们这么大一个国家就应该有雄心壮志。”

2020 年全面建成小康社会，2030 年基本实现社会主义现代化，21 世纪中叶全面建成富强民主文明和谐美丽的社会主义现代化强国。党的十九大擘画的中国未来 30 多年的战略宏图，犹如一幅壮美的华夏盛世图，展现在世人面前，极大地激发了全体人民的奋斗热情。中国梦的本质是国家富强、民族振兴、人民幸福。

中国梦是国家的梦，民族的梦，也是每一个中华儿女的梦。此时此刻，我们都在努力奔跑，我们都是追梦人。每个人都有梦，中国梦才有依托。只有把自己的梦想和国家的梦想统一起来，才能在民族复兴的征程中书写人生华章。新中国成立 70 多年了，千千万万名普通人实现了人生梦想，也让中国发生了翻天覆地的变化。

面对未来，伟大的梦想召唤着新的进发，汇聚起亿万人民勠力同心的蓬勃力量。此时此刻，每个人奋斗的样子构成了今天中国的表情和节奏。从未来深处走来的古老而又年轻的中国，必将风雨无阻、勇往直前，最终到达民族复兴的梦想彼岸。

2

“两个一百年”奋斗目标

/ 时代内涵 /

“两个一百年”奋斗目标是指：在中国共产党成立一百年时全面建成小康社会，在新中国成立一百年时建成富强民主文明和谐美丽的社会主义现代化国家。

党的十八大提出了“两个一百年”奋斗目标。

习近平指出：“为了实现中国梦，我们确立了‘两个一百年’奋斗目标。”

幸逢“两个一百年”奋斗目标历史交汇

“中国梦”的核心目标可以概括为“两个一百年”的奋斗目标，到2020年实现国内生产总值和城乡居民人均收入比2010年翻一番，全面建成小康社会；到2049年中华人民共和国成立100周年时，建成富强民主文明和谐美丽的社会主义现代化国家，实现中华民族的伟大复兴。

具体表现为国家富强，民族振兴，人民幸福；实现路径为走中国特色社会主义道路，坚持中国特色社会主义理论；总方略是“四个全面”战略布局；实施手段是“五位一体”总体布局。

以“两个一百年”奋斗目标的确立为标志，党的十八大之后，中国的一系列战略和努力都有了明确的方向。

当下的中国，不仅坚持稳中求进，协调推进“四个全面”战略布局，而且提出了一系列重大战略：从“一带一路”倡议到亚投行开业，从打造中非合作升级版到推进亚太自贸区进程……所有的宏大战略，都为“两个一百年”奋斗目标的实现奠定着坚实基础。

今日之中国，经历七十载砥砺奋进，正站在实现“两个一百年”奋斗目标的历史交汇点上。2020 年如期全面建成小康社会，无论是在中华民族发展史上，还是在世界人类历史上都具有非凡的意义，它是中华民族伟大复兴征程上的一座重要里程碑。未来中国人民将在全面解决温饱问题的基础上，普遍过上富足殷实的生活。这将是中国历史上亘古未有的伟大跨越，也是中国对人类社会的伟大贡献。

全面建成小康社会是社会主义现代化建设承上启下的发展过程，只有实现第一个百年奋斗目标，第二个百年奋斗目标才能顺利起步。

奋斗百年路，启航新征程。

2021 年，我国开启实现第二个百年奋斗目标新征程。

2021 年，“十四五”规划开局，创新、协调、绿色、开放、共享的“五大发展理念”得到贯彻，中国将以发展理念创新引领发展方式转变，以发展方式转变推动发展质量和效益提升，让广大人民群众共享改革发展成果。

3

四个伟大

/ 时 代 内 涵 /

四个伟大，是指进行伟大斗争、建设伟大工程、推进伟大事业、实现伟大梦想。

2017 年 10 月 18 日，习总书记在党的十九大报告中指出，伟大斗争、伟大工程、伟大事业、伟大梦想，紧密联系、相互贯通、相互作用，其中起决定性作用的是党的建设新的伟大工程。推进伟大工程，要结合伟大斗争、伟大事业、伟大梦想的实践来进行，确保党在世界形势深刻变化的历史进程中始终走在时代前列，在应对国内外各种风险和考验的历史进程中始终成为全国人民的主心骨，在坚持和发展中国特色社会主义的历史进程中始终成为坚强领导核心。

伟大梦想需要“拼搏实干”

时代是思想之母，实践是理论之源。

100 多年来，中国人民一直都有一个梦想，就是彻底摆脱贫穷落后的面貌，实现中华民族的伟大复兴，无愧于我们这泱泱文明大国的称号。新中国成立 70 余年来，我们已经创造了不负先辈的辉煌历史，再奋斗 30 年，我们将看到一个更加美好的中国。这就是一个大党的郑重承诺，一个大国的雄心壮志，一个民族的光明未来。

新时代，一方面中国从来没有如此接近民族复兴梦想，中国发展仍处于重要战略机遇期；另一方面形势环境变化之快，改革发展稳定任务之重，矛盾风险挑战之多，都前所未有。

在这样的背景下，习总书记强调，实现伟大梦想必须进行伟大斗争，建设伟大工程，推进伟大事业。

实现伟大梦想必须进行伟大斗争。我们党要团结带领人民有效应对重大挑战，抵御重大风险，解决重大问题，必须进行具有许多新的历史特点的伟大斗争。

实现伟大斗争必须建设伟大工程，这个伟大工程就是我们党正在深入推进的党的建设新的伟大工程。

实现伟大梦想必须推进伟大事业。新时代，全党要始终高举中国特色社会主义伟大旗帜，更加自觉地增强中国特色社会主义自信，不懈探索和把握中国特色社会主义规律，保持政治定力，坚持实干兴邦，始终坚持和发展中国特色社会主义。

伟大梦想不是等出来、喊出来的，而是拼出来、干出来的。在这个千帆竞发、百舸争流的时代，站在新时代起点上的我们，绝不能故步自封，也不能犹豫彷徨，必须统揽伟大斗争、伟大工程、伟大事业、伟大梦想，勇立潮头、继续奋斗。

4

“五位一体”总体布局

/ 时代内涵 /

党的十八大报告指出，建设中国特色社会主义，总依据是社会主义初级阶段，总布局是“五位一体”，总任务是实现社会主义现代化和中华民族伟大复兴。

报告对“五位一体”总体布局的阐述是，全面推进经济建设、政治建设、文化建设、社会建设、生态文明建设，实现以人为本、全面协调可持续的科学发展。

顺势而为的有机整体

新时代，执政兴国是第一要务。

中国特色社会主义事业总体布局，是我们党对社会主义建设规律在实践和认识上不断深化的重要成果。

改革开放以来，随着经济社会发展和实践深入，从物质文明精神文明

“两个文明”到经济政治文化建设“三位一体”，再到经济建设、政治建设、文化建设、社会建设“四位一体”，这是重大的理论和实践创新，更带来了发展理念和发展方式的深刻转变。

2012 年 11 月 17 日，习总书记在十八届中共中央政治局第一次集体学习中指出，“党的十八大把生态文明建设纳入中国特色社会主义事业总体布局，使生态文明建设的战略地位更加明确，有利于把生态文明建设融入经济建设、政治建设、文化建设、社会建设各方面和全过程”。

党的十八大以来，以习近平同志为核心的党中央高度重视生态文明建设，把生态文明建设纳入中国特色社会主义“五位一体”总体布局，把坚持人与自然和谐共生纳入新时代坚持和发展中国特色社会主义基本方略，把绿色发展纳入新发展理念，把污染防治纳入三大攻坚战，以最坚定的决心、最严格的制度、最有力的举措推动我国生态文明建设不断迈上新台阶。

从 2020 年到 21 世纪中叶，新时代中国特色社会主义发展可分为两个阶段：第一个阶段，从 2020 年到 2035 年，在全面建成小康社会的基础上，再奋斗十五年，基本实现社会主义现代化；第二个阶段，从 2035 年到 21 世纪中叶，在基本实现现代化的基础上，再奋斗十五年，把我国建设成富强民主文明和谐美丽的社会主义现代化强国。

新时代，“五位一体”总体布局是一个有机整体，其中经济建设是根本，政治建设是保证，文化建设是灵魂，社会建设是条件，生态文明建设是基础。五大建设之间是普遍联系的，是辩证统一的。“五位一体”总体布局与社会主义初级阶段总依据、实现社会主义现代化和中华民族伟大复兴总任务有机统一，对进一步明确中国特色社会主义发展方向，夺取新时代中国特色社会主义新胜利意义重大。

5

五大发展理念

/ 时代内涵 /

五大发展理念是习近平治国理政新理念。五大发展理念，即创新发展、协调发展、绿色发展、开放发展、共享发展。习总书记在党的十八届五中全会上首次完整提出。

发展是执政兴国的“第一要务”

发展是解决我国一切问题的基础与关键。

改革开放40余年来的生动实践，让我们深刻理解到：发展是硬道理。发展是执政兴国的第一要务。只有通过不断发展，才能让梦想成为现实。国家富强、民族振兴、人民幸福的中国梦，体现在国家物质硬实力和文化软实力的提升上，体现在更好的教育、更稳定的工作、更满意的收入等实打实的民生红利中。改革开放40多年来，我国经济社会发展保持旺盛活力，综合国力、社会生产力、人民生活水平得到了极大提升。

同时，我们也应该看到：我国所面临的发展问题复杂而又严峻。比如城乡区域之间的发展不平衡问题就十分的突出。可以说我国发展不平衡问题由来已久，发展差距的基数很大，并非短时间内能够消化。虽然近年来部分中西部地区发展速度迅猛，农民增收迅速，但由于自然条件、地理位置、气候条件等复杂因素的影响，中西部地区和农村地区增长的绝对量仍然赶不上东部地区和城市地区，发展的差距仍然存在。

新时代，坚持“发展是硬道理”的战略思想，习总书记系统论述了创新、协调、绿色、开放、共享五大发展理念，并强调：不断适应把握引领经济发展新常态，积极推进供给侧结构性改革，实现持续发展。

新时代，创新是引领发展的第一动力，协调是持续健康发展的内在要求，绿色是永续发展的必要条件，开放是国家繁荣发展的必由之路，共享是中国特色社会主义的本质要求。从内容上看，创新、协调、绿色、开放、共享——五大发展理念相互依存、相辅相成、相得益彰。新时代，推进国家发展必须将五大发展理念统一贯彻、统一落实、一体推进，不能顾此失彼，也不能相互替代。

6

全面小康

/ 时代内涵 /

全面小康，一般是指“全面建成小康社会”，在党的十八大报告中首次被正式提出。

改革开放之初，邓小平同志明确提出“在中国建立一个小康社会”的奋斗目标。“总体小康”的目标在20世纪末如期实现。在此基础上，党的十六大提出“全面建设小康社会”。

新时代，党的十八大报告进一步提出“全面建成小康社会”。

从“总体小康”到“全面小康”，从“全面建设”到“全面建成”，小康社会的标准不断提升，内涵不断扩展，要求不断提高。

“全面建成小康社会”这一战略任务，到我们党成立100周年时如期完成。

全面建成小康社会，并不止步

小康不小康，关键看老乡。

全面建成小康社会是“两个一百年”奋斗目标的第一个百年奋斗目标，是我们党向人民、向历史作出的庄严承诺，是亿万国民的共同期盼。

习总书记反复强调，全面小康覆盖的领域要全面，是“五位一体”全面进步的小康；覆盖的人口要全面，是惠及全体人民的小康；覆盖的区域要全面，是城乡区域共同发展的小康。

全面建成小康社会，是中华民族千百年来的夙愿。在落后的农耕文明时代，小康社会对于广大百姓只是镜花水月，只是遥不可及的梦想。近代以来，国家在遭受帝国主义列强侵略和封建专制的腐朽统治下，小康社会同样是奢望。我们党自成立之日起就以为人民服务为宗旨，扛起民族复兴大旗，为人民过上小康生活而接续奋斗。党的十八大以来，我们党时不我待，只争朝夕，带领全国人民，奋力冲刺，决胜全面建成小康社会。

全面建成小康社会。我国发展和人民生活跃上新的台阶。时至今日，我国经济总量稳居世界第二，人均国内生产总值突破 1 万美元，正迈向高收入国家行列。通过精准扶贫，近亿贫困人口实现脱贫，消除了绝对贫困和区域性整体贫困。同时我们建成了世界上规模最大的社会保障体系，覆盖范围不断扩大，保障水平稳步提高。

同时，全面建成小康社会，也是中国对人类社会的伟大贡献。全面建成小康社会，解决了绝对贫困问题，让中国人民普遍过上了比较富裕的生活。正是中国的不懈努力，使世界上人均国内生产总值超过 1 万美元的人口数量翻了将近一番。全面建成小康社会，充分彰显了中国特色社会主义制度的强大生命力和巨大优越性，显著提高了我国国际地位，为广大发展中国家解决贫困问题，实现现代化贡献了中国智慧、中国方案。

站在历史新的更高起点上，以习总书记为核心的党中央提出：从 2020 年到 21 世纪中叶，在全面建成小康社会的基础上，分两步走全面建成社会主义现代化强国。

7

三大攻坚战

/ 时代内涵 /

三大攻坚战，是指防范化解重大风险、精准脱贫、污染防治，是在党的十九大报告中首次提出的新表述。

习总书记在党的十九大报告中提出：要坚决打好防范化解重大风险、精准脱贫、污染防治的攻坚战，使全面建成小康社会得到人民认可、经得起历史检验。2018年3月5日，政府工作报告明确三大攻坚战“作战图”：推动重大风险防范化解取得明显进展、加大精准脱贫力度、推进污染防治取得更大成效。

坚决打好防范化解重大风险、精准脱贫、污染防治三大攻坚战，是全面建成小康社会的必然要求。

三大攻坚战取得决定性成就

近1亿人！历经8年，人类历史上规模最大、力度最强、惠及人口最多的脱贫攻坚战，让我国现行标准下近 1 亿农村贫困人口全部脱贫，832 个贫困县全部摘帽。

每立方米 33 微克！2020 年，全国地级及以上城市 PM2.5 浓度达到国家空气质量二级标准，黑臭水体消除比例达到 98.2%，蓝天、碧水、净土保卫战取得显著成效。

1.5 万亿元！2020 年，金融系统向实体经济让利 1.5 万亿元，实体部门获得感明显增强。

……

“十三五”期间，三大攻坚战取得决定性成就。

成就不是终点，而是新生活、新奋斗的起点。回望“十三五”，三大攻坚战在不断闯关夺隘中取得了决定性成就；展望“十四五”，我们砥砺前行，依旧任重道远。

我们需要清醒地认识到：虽然脱贫地区经济社会发展和群众生产生活条件比以前有了很大改善，但发展基础总体仍然比较薄弱，特别是产业和就业还不稳定，部分脱贫人口存在返贫风险。

正是基于此，党和国家决定，在脱贫攻坚目标任务完成后，对摆脱贫困的县，从脱贫之日起设立五年过渡期——扶上马送一程。过渡期内，保持现有主要帮扶政策总体稳定，逐步实现由集中资源支持脱贫攻坚向全面推进乡村振兴平稳过渡，推动“三农”工作重心历史性转移。同时，要求各地区各部门围绕有效衔接推进工作，推动从脱贫攻坚全面转向乡村振兴。

需要清醒地认识到：我国保护与发展长期矛盾和短期问题交织，生态环境保护结构性、根源性、趋势性压力总体上尚未根本缓解。

“十四五”时期深入打好污染防治攻坚战，要更加突出精准、科学、依法治污，要建立地上地下、陆海统筹的生态环境治理制度。具体来看，要继续提升空气质量，加强细颗粒物和臭氧协同控制，抓好挥发性有机物和氮氧化物协同治理；降低碳排放强度，抓紧制定2030年前碳排放达峰行动方案，支持有条件的地方率先达峰。同时，统筹水资源、水生态、水环境治理，强化生态保护监管体系和力度，坚决守住自然生态的安全边界，保护好生物多样性。

还需要看到："十三五"期间，监管部门有效遏制宏观杠杆率过快上升势头，有序处置高风险金融机构，集中整治影子银行、互联网金融……防范化解金融风险攻坚战取得重要阶段性成果。数据显示，2017年至2020年，银行业处置不良资产超过前12年总和。截至2020年，全国实际运营的P2P网贷机构已全部清零。

未来，金融业还需要继续把防范风险作为永恒主题，毫不松懈地监控和化解各类金融风险，强化金融法治，完善长效机制。

8

精准扶贫

/ 时代内涵 /

精准扶贫，是指针对不同贫困区域环境、不同贫困农户状况，运用科学有效程序对扶贫对象实施精确识别、精确帮扶、精确管理的治贫方式。2013年11月，习总书记在湖南湘西考察时首次作出了“实事求是，因地制宜，分类指导，精准扶贫”的重要指示，正式提出了精准扶贫的重要思想。

脱贫攻坚“贵在精准”

小康不小康，关键看老乡，关键看贫困老乡能不能脱贫。

新中国成立以来，特别是改革开放以来，我们就持续向贫困宣战，实施大规模的扶贫开发行动，全国贫困人口大幅减少，贫困群众的生活水平显著提高，贫困地区的面貌发生了根本性的变化。

党的十八大以来，党中央实施精准扶贫，精准脱贫，加大扶贫投入，创新扶贫方式，扶贫开发工作呈现新局面。

新时代，脱贫攻坚，贵在精准，重在精准，成败之举在于精准。俗话说，只有开对“药方子”，才能拔掉“穷根子”。推进扶贫工作就要坚持因人因地施策，因贫困原因施策，因贫困类型施策，做到对症下药、靶向治疗。由此解决好扶持谁、谁来扶、怎么扶、如何退的问题，扶贫扶到点上、扶到根上。在实践中，我们推进实施“五个一批工程”，即发展生产脱贫一批，异地搬迁脱贫一批，生态补偿脱贫一批，发展教育脱贫一批，社会保障兜底一批。稳定实现贫困人口“两不愁三保障”，即不愁吃，不愁穿，义务教育、基本医疗、住房安全有保障。

当然，幸福不会从天而降，好日子是干出来的。坚持扶贫同扶志、扶智相结合，引导贫困群众自力更生、艰苦奋斗，用自己的辛勤劳动实现脱贫致富。

改革开放 40 多年来，中国有 8 亿多人摆脱贫困，对世界减贫贡献率超过 70%。

2020 年 12 月 3 日，习近平总书记庄严宣布：党的十八大以来，党中央团结带领全党全国各族人民，把脱贫攻坚摆在治国理政突出位置，充分发挥党的领导和我国社会主义制度的政治优势，采取了许多具有原创性、独特性的重大举措，组织实施了人类历史上规模最大、力度最强的脱贫攻坚战。经过 8 年持续奋斗，我们如期完成了新时代脱贫攻坚目标任务，现行标准下农村贫困人口全部脱贫，贫困县全部摘帽，消除了绝对贫困和区域性整体贫困，近 1 亿贫困人口实现脱贫，取得了令全世界刮目相看的重大胜利。

同时，我们还需要深刻认识到：我国发展不平衡、不充分的问题仍然突出，巩固拓展脱贫攻坚成果的任务依然艰巨。

未来，我们仍需保持帮扶政策总体稳定，严格落实“四个不摘”要求，保持现有帮扶政策、资金支持、帮扶力量总体稳定。同时，还需要进一步健全防止返贫监测帮扶机制，继续对脱贫县、脱贫村、脱贫人口开展监测，持续跟踪收入变化和“两不愁三保障”巩固情况，定期核查，及时发现，及时帮扶，动态清零……

新时代，小康路上一个都不能少，幸福中国不能落下贫困群众。

9

共同富裕

/ 时代内涵 /

共同富裕，是指全体人民通过辛勤劳动和相互帮助最终达到丰衣足食的生活水平，也就是在消除两极分化和贫穷基础上的普遍富裕。

共同富裕是社会主义的本质规定和奋斗目标，也是我国社会主义的根本原则。

2021年6月10日，《中共中央 国务院关于支持浙江高质量发展建设共同富裕示范区的意见》发布，提出六大方面20条重大举措。设立共同富裕示范区体现了党中央对解决我国发展不平衡不充分问题的坚定决心，对社会主义本质要求的不懈探索，对全体人民美好生活新期待的殷切回应。

2021年7月1日，中共中央总书记、国家主席、中央军委主席习近平在庆祝中国共产党成立100周年大会上的讲话中强调："着力解决发展不平衡不充分问题和人民群众急难愁盼问题，推动人的全面发展、全体人民共同富裕取得更为明显的实质性进展！"

治国之道　富民为始

如今，我国的经济总量由1985年的9016亿元，快速增长到2020年的1015986亿元，增长了112倍。而2020年GDP突破百万亿元，也让实现“共同富裕”有了更为坚实的经济基础。

2021年以来，中央关于“共同富裕”的表述甚为密集。

我国正处于并将长期处于社会主义初级阶段的基本国情，决定了实现共同富裕目标的长期性和艰巨性。我们不能做超越阶段的事情，但也不是说在逐步实现共同富裕方面就无所作为。鉴于此，“全体人民共同富裕迈出坚实步伐”，成为“十四五”规划纲要的暖心承诺；“全体人民共同富裕取得更为明显的实质性进展”，赫然纳入2035年远景目标。如何推动？

一方面，分好蛋糕，关键是深化收入分配制度改革。这需要三管齐下：促进高质量就业，提高劳动报酬在初次分配中的比重，完善要素分配政策，扩大中等收入群体；规范收入分配秩序，健全以税收、社会保障、转移支付等为主要手段的再分配调节机制，促进社会公平；建立健全回报社会的激励制度，鼓励发展热心慈善，发挥第三次分配的作用。

另一方面，更要做大蛋糕。要在不断发展的基础上尽量把促进社会公平正义的事情做好，加快构建新发展格局，实现高质量发展，夯实共同富裕的物质基础，才能有更多更优的发展成果惠及更多人。

同时，应当看到，共同富裕是循序渐进的过程，共享发展成果必将有一个从低级到高级、从不均衡到均衡的过程，即使达到很高的水平也会有差别。一口吃不成胖子，通往共同富裕之路，需要久久为功，积小胜为大胜，既要尽力而为，又要量力而行。

“仓廪实而知礼节，衣食足而知荣辱”。扎实推动共同富裕，我们还应把握好物质富裕与精神富有的关系。既要让“钱袋”鼓起来，也要让脑袋富起来。应警惕物质上的享乐成为共同富裕的唯一追求，加强精神文明建设，共建共享精神家园。

10

创新驱动发展战略

/ 时代内涵 /

党的十八大明确提出，科技创新是提高社会生产力和综合国力的战略支撑，必须摆在国家发展全局的核心位置。并强调：要坚持走中国特色自主创新道路、实施创新驱动发展战略。

2021 年 3 月 11 日，全国人大表决通过的“十四五规划”进一步明确：坚持创新在我国现代化建设全局中的核心地位，把科技自立自强作为国家发展的战略支撑，面向世界科技前沿、面向经济主战场、面向国家重大需求、面向人民生命健康，深入实施科教兴国战略、人才强国战略、创新驱动发展战略，完善国家创新体系，加快建设科技强国。

实现高质量发展的“必由之路”

科技兴则民族兴，科技强则国家强。

当今世界，创新是引领发展的第一动力。新时代，实施创新驱动发展战略，对我国形成国际竞争新优势、增强发展的长期新动力具有战略意义。

建设新型国家创新体系，强化国家战略科技力量是核心。着眼于“两个大局”，完善国家创新体系，是打好关键核心技术攻坚战、实现更高水平自立自强的重要系统支撑。要坚定创新自信，坚定不移走好中国特色自主创新道路，保持战略定力，强化基础研究投入和原始性创新，推进以技术创新为核心的全面整合式创新。要着力培育战略科学家和战略科技人才，以形成国家战略科技力量的核心，以“十年磨一剑”的精神，在关键核心领域实现重大突破。

运用市场化机制激励企业创新，全面提升企业创新能力是重点。中国科技的自立自强，关键是一批掌握关键核心技术的科技型企业的集群式崛起，核心则是不断提升中国企业的自主创新能力。对此，要着力运用市场化机制激励企业创新，强化企业创新主体地位和主导作用，强化创新创业服务及支撑体系建设，纵深推进大众创业万众创新。

紧扣产业链供应链部署创新链，不断提升科技支撑能力是抓手。新发展阶段，要坚持底线思维，实施好产业基础再造工程，发展工业互联网，搭建更多共性技术研发平台，支撑产业创新能力持续提升。要加大数字基建在内的新基建，丰富产业创新应用场景。同时，要以前瞻性和引领性思维，统筹新兴产业和未来产业布局，积极培育未来产业研究中心、未来产业技术创新中心等面向未来产业的新型研发机构，塑造全新的、面向未来产业的创新生态系统，在参与全球价值链和供应链竞合过程中实现自主可控与开放合作的动态平衡。

加快科技成果转化应用，促进科技创新与实体经济深度融合是关键。“十四五”期间，要更加注重科技与经济的深度融合，加快构建同科技自立自强相适应的新型高校科技创新与成果转化生态体系，加强基础研究、注重原始创新，优化学科布局和研发布局，推进学科交叉融合，完善共性基础技术供给体系；加快高校创新体系与企业创新体系、产业创新体系的互动融合，统筹衔接基础研究、应用开发、成果转化、产业发展等各环节。

新时代，我们比历史上任何时期都更接近中华民族伟大复兴的目标，比历史上任何时期都更有信心、有能力实现这个目标。而要实现这个目标，我们就必须坚定不移贯彻科教兴国战略和创新驱动发展战略，坚定不移走科技强国之路。

11

全面依法治国

/ 时代内涵 /

依法治国就是依照宪法和法律来治理国家，是中国共产党领导人民治理国家的基本方略，是发展社会主义市场经济的客观需要，也是社会文明进步的显著标志，还是国家长治久安的必要保障。依法治国，建设社会主义法治国家，是人民当家作主的根本保证。

新时代，我们党明确提出全面依法治国，并将其纳入“四个全面”战略布局予以有力推进。

2014 年 10 月，中国共产党第十八届中央委员会第四次全体会议首次专题讨论依法治国问题。10 月 28 日，《中共中央关于全面推进依法治国若干重大问题的决定》发布。

2017 年 10 月 18 日，习总书记在党的十九大报告中提出，成立中央全面依法治国领导小组，加强对法治中国建设的统一领导。

2018 年 3 月，中共中央印发《深化党和国家机构改革方案》，组建中央全面依法治国委员会，中央全面依法治国委员会办公室设在司法部。

立足国情　法治前行

法者，治之端也。

法治兴则国兴，法治强则国强。

百年发展历程，我们党历来重视法治建设。在新民主主义革命时期，我们党就制定了《中华苏维埃共和国宪法大纲》以及大量法律法令，开启了法治探索与实践。

新中国成立后，在社会主义革命、社会主义建设时期，我们党领导人民制定了“五四宪法”和国家机构组织法、选举法、婚姻法等一系列重要法律法规，建立起社会主义法治框架体系，确立了社会主义司法制度。

改革开放之后，我们党提出“有法可依、有法必依、执法必严、违法必究”的方针，强调依法治国是党领导人民治理国家的基本方略、依法执政是党治国理政的基本方式，不断推进社会主义法治建设。

党的十八大以来，党中央明确提出全面依法治国，并将其纳入“四个全面”战略布局予以有力推进。党的十八届四中全会专门进行研究，作出关于全面推进依法治国若干重大问题的决定。党的十九大召开后，党中央组建中央全面依法治国委员会，从全局和战略高度对全面依法治国又作出一系列重大决策部署，推动我国社会主义法治建设发生历史性变革、取得历史性成就。

要明确的是：在法治建设问题上，并没有“优先模式”，也没有“标准答案”，只有适合自己的才是最好的。中国特色社会主义法治道路，是我们党百年来推进法治建设实践和探索的结晶，是立足我国基本国情的必然选择，也是我国建设社会主义法治国家的唯一正确道路。

法治当中有政治，没有脱离政治的法治。我国是人民民主专政的社会主义国家，党的领导是中国特色社会主义法治之魂。这是我们国家的法治同西方资本主义国家的法治最大的区别。我们推进全面依法治国，绝不是要虚化、弱化，甚至动摇、否定党的领导，而是为了进一步巩固党的执政地位，改善党的执政方式，提高党的执政能力，保证党和国家长治久安。

第三章

新时代、新征程

深入开展国情教育和形势政策教育。

要深入开展国情教育，帮助人们了解我国发展新的历史方位、社会主要矛盾的变化，引导人们深刻认识到，我国仍处于并将长期处于社会主义初级阶段的基本国情没有变，我国是世界上最大发展中国家的国际地位没有变，始终准确把握基本国情，既不落后于时代，也不脱离实际、超越阶段。

——《新时代爱国主义教育实施纲要》

1

新时代

/ 时代内涵 /

“新时代”，即中国特色社会主义新时代。党的十八大以来，中国特色社会主义进入新时代，中华民族伟大复兴展现出更加光明的前景。

2017 年 10 月 18 日，习总书记在党的十九大报告中指出，经过长期努力，中国特色社会主义进入了新时代，这是我国发展新的历史方位。这个新时代，是承前启后、继往开来，在新的历史条件下继续夺取中国特色社会主义伟大胜利的时代，是决胜全面建成小康社会、进而全面建设社会主义现代化强国的时代，是全国各族人民团结奋斗、不断创造美好生活、逐步实现全体人民共同富裕的时代，是全体中华儿女勠力同心、奋力实现中华民族伟大复兴中国梦的时代，是我国日益走近世界舞台中央、不断为人类作出更大贡献的时代。

新时代：经历风雨、跋涉而来

“经过长期努力，中国特色社会主义进入了新时代，这是我国发展新的历史方位。”2017 年 10 月，党的十九大召开，习总书记郑重宣示。

中国特色社会主义进入新时代，意味着近代以来久经磨难的中华民族迎来了从站起来、富起来到强起来的伟大飞跃，迎来了实现中华民族伟大复兴的光明前景；意味着科学社会主义在 21 世纪的中国焕发出强大生机活力，在世界上高高举起了中国特色社会主义伟大旗帜；意味着中国特色社会主义道路、理论、制度、文化不断发展，拓展了发展中国家走向现代化的途径，给世界上那些既希望加快发展又希望保持自身独立性的国家和民族提供了全新选择，为解决人类问题贡献了中国智慧和中国方案。

然而，你可曾知道，新时代的到来并非一帆风顺，更非一蹴而就，而是经历千难万险，风雨跋涉而来。

1840—1949 年，中华民族经历了残酷、黑暗的 100 年，中国人民英勇抗争奋斗了 100 年。鸦片战争之后，无数仁人志士抛头颅、洒热血，前赴后继、死而后已。同时，诸多主义和主张，诸多组织和政党登台，又落幕……终究未能改变民族的命运，未能改变民众凄苦的生活。

1921 年，中国共产党成立。马克思主义给旧中国带来光明和希望。经过数十载的艰苦卓绝的斗争，党带领人民推翻帝国主义、封建主义、官僚资本主义“三座大山”的压迫，最终赢得了抗日战争和解放战争的胜利。1949 年 10 月 1 日，中华人民共和国成立。新中国的成立，标志着中国人民从此站起来了。

20 世纪五六十年代，党领导人民深入开展社会主义制度探索，建立起完整的工业体系和国民经济体系，进行大规模社会主义建设，为新的历史时期开创中国特色社会主义积累了宝贵经验、理论准备和物质基础。

1978 年 12 月，党的十一届三中全会召开，改革开放的大潮汹涌而来。党和国家的工作重心转移到经济建设上来，明确了社会主义初级阶段的基本国情，开辟了中国特色社会主义道路。改革开放数十年来，国家经济实力和综合国力迅速提升。从新中国成立之初的“一穷二白”，到如今成为世界第二大经济体、世界第一大工业国、世界第一大外汇储备国，在奔流不息的历史长河中，中国共产党带领亿万人民实现了从贫穷到富裕、从落后到强大的重大跨越。

2012 年 11 月，党的十八大召开，拉开了中国特色社会主义新时代的大幕。中国共产党统揽伟大斗争、伟大工程、伟大事业、伟大梦想，统筹推进“五位一体”总体布局和“四个全面”战略布局，提出了党和国家改革发展的新理念、新思想、新战略，矢志不渝向着建设社会主义现代化强国前进、前进、前进!

正如《人民日报》社论所言：回首过去，多少慷慨前行、多少梦想成真，融入了亿万人民的集体记忆，书写在新中国的光辉史册；放眼今朝，我们正在进行具有许多新的历史特点的伟大斗争，党和人民的坚强团结是胜利的保证。

新时代是奋斗者的时代。新时代属于每一个人，每一个人都是新时代的见证者、开创者、建设者。

新时代，我们比历史上任何时期都更接近、更有信心和能力实现中华民族伟大复兴的目标。让我们沿着中国特色社会主义的康庄大道奋勇向前，不断创造美好生活。

2

新征程

/ 时代内涵 /

新征程，即全面建设社会主义现代化国家新征程。

党的十九大报告指出，在党的十九大到二十大这个“两个一百年”奋斗目标的历史交汇期，我们既要全面建成小康社会、实现第一个百年奋斗目标，又要乘势而上开启全面建设社会主义现代化国家新征程，向第二个百年奋斗目标进军。

2021 年，中国开启全面建设社会主义现代化国家新征程。

奋斗百年路　启航新征程

在历史坐标系中，2021 年注定将留下极其特殊而重要的印记。

2021 年，是中国共产党成立 100 周年，是“十四五”开局之年，也是全面建设社会主义现代化国家新征程开启之年。

新中国成立，中国人民实现了“站起来”；实行改革开放、全面建成小康社会，实现了“富起来”；开启建设社会主义现代化国家新征程，则标志着我们正处于全力实现“强起来”的历史新时代。

我们党建立百年来团结带领全国人民进行广泛斗争，就是为了把国家建设为社会主义现代化强国，实现中华民族的伟大复兴。为了达到这一目标，我们进行了艰辛的探索和不懈的努力。

从 1949 年到 1978 年，我们党领导人民建立起独立的、较为完整的工业体系和国民经济体系，维护了国家主权和国家安全，迈出了社会主义建设的坚实步伐。

改革开放以来，我们坚持“三步走”战略，即到 20 世纪 80 年代末解决人民温饱问题，到 20 世纪末使人民生活达到小康水平，到 21 世纪中叶基本实现现代化，达到中等发达国家水平。

进入 21 世纪，我们党明确提出，到建党百年时，全面建成小康社会，然后再奋斗 30 年，到新中国成立 100 年时基本实现现代化，把我国建设成社会主义现代化国家。这就是“两个一百年”奋斗目标。

新时代，我们又对实现第二个百年奋斗目标作出战略安排：到 2035 年基本实现社会主义现代化，到 21 世纪中叶把我国建设成富强民主文明和谐美丽的社会主义现代化强国。

从“一五”计划到“十四五”规划，从总体小康到全面小康，从“四个现代化”到全面建设社会主义现代化国家，我们党始终不忘初心、担负使命、砥砺前行。

新征程，是建设社会主义初级阶段中的新征程，更是经过几十年积累，站到了新的起点上的新征程。当前，正确地认识党和人民事业所处的历史方位和发展阶段，是我们党明确阶段性中心任务，制定路线方针政策的根本依据。

奋斗百年路，启航新征程，我们将在新时代长征路上迈出新的步伐。

3

基本国情

/ 时 代 内 涵 /

基本国情，主要是指一个国家的社会性质及其所处的社会发展阶段。中国的基本国情是我国仍处于并将长期处于社会主义初级阶段。

新时代，我国社会主要矛盾已经转化为人民日益增长的美好生活需要和不平衡不充分的发展之间的矛盾。但是，我国社会主要矛盾的变化，没有改变我们对我国社会主义所处历史阶段的判断，我国仍处于并将长期处于社会主义初级阶段的基本国情没有变，我国是世界最大发展中国家的国际地位没有变。

牢牢把握基本国情不动摇

回首新中国成立的 70 余年，惊天巨变、沧海桑田。

经过 70 余年的艰苦奋斗，我国经济总量从新中国成立之初的 600 多亿元到 2020 年首次突破 100 万亿元……“十三五”时期，中国经济总量稳居世界第二。中国已经成为世界第一大工业国，第一大货物贸易国，第一大外汇储备国，在推动世界经济增长中具有举足轻重的地位。

经过70余年的不懈努力，中国人民的物质文化生活实现了历史性的跨越。我们早已告别了物质匮乏的时代，消费结构迅速从生存型向发展型进而向享受型转变。人民群众的就业、教育、医疗、住房、养老、社保等民生福祉持续改善，人均寿命快速提高。2018年，人均预计寿命达到77岁，民众的获得感、幸福感显著增强。尤其是通过决胜全面建成小康社会，决战脱贫攻坚，全国8亿多农村贫困人口，摆脱了绝对贫困，贫困发生率从97.5%下降到1.7%，创造了人类减贫历史上的奇迹。

面对巨大的发展成就，近年来便有人炒作中国已经是发达国家了。中国威胁论、中国责任论等论调在国际上纷纷出现。其实世界上大多数发达国家人均国内生产总值一般在3万美元以上，美国人均国内生产总值高达6万多美元，而我国人均国内生产总值刚刚突破1万美元，远低于世界平均值，在世界近200多个经济体中排在第70位左右。与此同时，与发达国家科技水平相比，我国还面临着重大的科技瓶颈，关键领域核心技术受制于人的格局并没有发生根本性改变。

进一步讲，我国经济社会发展还存在不平衡、不充分的问题。当前，我国仍有大量传统的、相对落后甚至原始的生产力，国家生产力布局很不均匀。我国的广大农村和中西部地区，特别是老少边穷地区，其经济社会发展水平依旧比较落后。因此，把握基本国情，必须深刻清醒地认识到我国处于社会主义初级阶段的长期性与艰巨性。

新时代，我国社会主要矛盾已经转化为：人民日益增长的美好生活需要和不平衡不充分的发展之间的矛盾。

新时代，我们仍要坚持以经济建设为中心，牢牢把握社会主义初级阶段这个最大的国情和最大实际，以新发展理念为根本遵循，统筹推进经济建设、政治建设、文化建设、社会建设、生态文明建设“五位一体”总体布局，协调推进全面建设社会主义现代化国家，更好地满足人民日益增长的美好生活需要。

新时代、新使命、新征程，前路依旧漫漫，吾辈仍需奋勇向前！

4

战略机遇期

/ 时代内涵 /

战略机遇期，是指对全局产生重大、深远影响的一段时期。

党的十六大在提出“战略机遇期”概念的同时，提出了21世纪头20年“全面建设小康社会”的国家战略目标。

新时代，在全面分析形势和任务的基础上，习总书记深刻指出：“我国发展仍处于并将长期处于重要战略机遇期。”

彩虹与风雨共生

来而不可失者，时也；蹈而不可失者，机也。

对于一个国家和一个民族来说，民族复兴的机遇极为宝贵，稍纵即逝。抓得住机遇就能赢得主动，乘势而上；抓不住机遇或者错失机遇，就可能陷入被动，落后挨打。

当前，我们所面临的国内外形势已经发生了深刻而又复杂的变化。

世界正在经历百年未有之大变局，不稳定性、不确定性明显增强，新冠肺炎疫情的影响广泛而又深远，经济全球化遭遇逆流，一些国家单边主义、保护主义盛行，这些都给世界和我国发展进程制造了太多障碍。

就我国自身而言，我国经济已经转向高质量发展阶段，但不平衡、不充分问题依旧突出。关键环节的改革发展任务依旧十分严峻，发展短板、弱项依旧突出。诸多矛盾交织叠加，风险挑战显著增多，发展环境复杂前所未有。

在这样的国内外背景之下，我国发展的重要战略机遇期是否已经过去？这样的重要战略机遇期是否还存在？习总书记鲜明指出："我国发展仍处于并将长期处于重要战略机遇期。"

当今时代，和平和发展仍是两大主题，其仍是各国人民的共同愿望。虽然经济全球化遭遇逆流，但求合作、谋发展，仍是世界各国的共同追求。尤其是伴随着新一轮科技革命和产业变革的深入演进，经济全球化、一体化的进程必将持续，任何势力、任何个人都无法阻挡。

与此同时，我国的市场吸纳能力、消费能力独一无二，国际社会普遍愿意与我国共享发展机遇。世界银行最新发布的《2020 营商环境报告》指出，中国位列第 31 位，成为营商环境改善最为显著的主要经济体。当前，我国拥有全球最完整、规模最大的现代工业体系，是全世界唯一拥有联合国产业分类中全部工业门类的国家，500 余种主要工业产品中有 200 多种产量位居世界第一。再者，我国拥有 1.7 亿多名受过高等教育或拥有各类专业技能的人才，丰富的人才资源蕴藏着巨大的发展潜力和活力。

诚然，彩虹与风雨共生，机遇与挑战并存。我国发展仍处于并将长期处于重要战略机遇期。但是，机遇与挑战都发生了新的变化。新时代，我们要深刻认识当前机遇和挑战的新变化，坚定不移抓机遇应变局，努力在危机中育新机，于变局中开新局。

5

百年未有之大变局

/ 时代内涵 /

百年未有之大变局，即当前国际格局和国际体系正在发生深刻调整，全球治理体系正在发生深刻变革，国际力量对比正在发生近代以来最具革命性的变化，世界范围呈现出影响人类历史进程和趋向的重大态势。

21 世纪的今天，世界正迎来大发展、大变革、大调整的时期。对此，习总书记深刻指出："当今世界正经历百年未有之大变局。"这是党的十八大以来，我们党立足中华民族伟大复兴战略全局，科学认识全球发展态势，深刻洞察世界格局变化作出的重大判断。

大变局带来了挑战，更带来了机遇

天下大势，相互交织、相互作用，大变局孕育于其中，演进于其中。

自从 15—16 世纪新航路的开辟，人类迈出了向"世界历史"转变的步伐。第一次工业革命之后，人类社会的发展速度逐步加快，科技革命和工业革命呼唤出巨大的生产力，深刻地改变了人类世界的发展面貌和既有格局。

随后两次世界大战，进一步重新构建了世界格局——西方资本主义历经危机与发展，世界社会主义走过高潮与低谷。

21 世纪，世界大变局的调整呈现新特征和新表现。世界经济版图发生重大转变。当前，发达国家经济增长乏力，以中国为代表的新兴经济体和发展中国家在世界经济中所占据的份额越来越大，世界经济重心加快“自西向东”转移。与此同时，国际力量对比也发生深刻变化，发达国家内部矛盾重重，实力相对下降；一大批发展中国家群体崛起，成为影响国际政治经济格局的重要力量。

在这样的世界大变局中，中国持续快速发展，成为推动世界格局演变的主要力量。习总书记强调，中华民族伟大复兴是造成世界百年未有之大变局的重要原因，世界面临百年未有之大变局为中华民族伟大复兴带来重大机遇。因此，可以说：当今世界百年未有之大变局，最突出的特点就是“东升西降”，中国日益走近世界舞台的中央。

近年来，英国“脱欧”、法国“黄马甲”运动、美国大规模骚乱等不断出现，其背后是西方政治经济体系深层次矛盾持续发酵催生出的政治极端化、民粹主义、种族冲突等各类问题。2020 年，新冠肺炎疫情全球大流行，成为影响世界百年未有之大变局的新变量。疫情不仅让复苏乏力的世界经济雪上加霜，更凸显出西方资本主义主导下的国际体系的严重弊端，加快了国际力量此消彼长。

当前必须深刻认识到大变局带来了挑战更带来了机遇。要清醒地看到美国等西方国家绝不甘心和坐视主导地位的丧失，必然会处心积虑、不择手段地打压以中国为代表的新兴发展中国家。我们必须保持战略定力，发扬斗争精神，绝不屈服于外部压力，绝不吞下任何损害国家和民族利益的苦果。

6

高质量发展

/ 时代内涵 /

高质量发展，是在党的十九大上首次提出的新表述、新概念——中国经济由高速增长阶段转向高质量发展阶段。

绿色发展是我国从速度经济转向高质量发展的重要标志。党的十九大报告中提出的“建立健全绿色低碳循环发展的经济体系”为新时代下高质量发展指明了方向，同时也提出了一个极为重要的时代课题。

党的十九届五中全会提出，“十四五”时期经济社会发展要以推动高质量发展为主题。

奋力实现中国经济的“华丽转身”

中国特色社会主义进入了新时代，我国经济发展也进入了新时代，基本特征就是由高速增长阶段转向高质量发展阶段。

党的十八大以来，我国对经济发展阶段性特征的认识不断深化。2013年，党中央就作出判断：我国经济发展正处于增长速度换挡期、结构调整的阵痛期和前期冲刺政策消化期“三期叠加”阶段。2014 年，又提出我国经济进入新常态。在新常态下，我国经济发展的环境、条件、任务、要求都发生了新的变化，增长速度从高速转向中高速；发展方式也从规模速度型转向质量效率型。因此，经济结构调整要从增量扩能为主，转向调整存量、做优增量并举。随之，发展动力也要从主要依靠资源和低成本劳动力等要素，转向创新驱动。

经过一系列探索和深入研究，党的十九大进一步明确提出：我国经济已由高速增长阶段转向高质量发展阶段。

毋庸讳言，当前我国经济形势充满着各种变数，面对着太多太多的挑战，经济运行稳中有变，外部环境更趋复杂严峻，中美之间的摩擦、新冠肺炎疫情的冲击等因素对中国经济发展造成了一定的负面影响，国内结构性矛盾仍比较突出。

在这样的背景下，有些人产生了对中国经济的悲观情绪，甚至出现了唱衰中国经济的论调。如此种种都是一叶障目不见泰山。

从全局看，中国经济发展的基本面稳中向好。经济运行总体平稳，经济增速、就业情况、物价指数、工业利润等主要宏观指标都处于合理区间，更重要的是我国持续优化经济结构的效应已初步显现。从长远来看，中国经济总体趋势依旧强劲有力。虽然我们面临传统发展模式弊端带来的后遗症，面临主动调结构、转动能引发的阵痛，但是拥有超大体量、雄厚基础、巨大潜力的中国经济必能解决这些问题。从国内外对比看，中国经济的竞争力依旧优势明显。当前，全球经济复苏乏力，科技革命和产业变革方兴未艾。我国依旧是推动世界经济增长的重要引擎。

新时代，推动高质量发展，要坚持质量第一原则。在经济运行的各个领域各个环节严把质量关，促进微观产品服务质量和宏观经济增长质量“双提高”。一方面深化供给侧结构性改革，不断提高供给体系质量，使中国制造和服务成为高质量的品牌。另一方面推动城乡区域协调发展，使经济发展更平衡、更可持续。

同时，必须认清：推动高质量发展的长久之计还是要靠科技创新这个核心动力。关键核心技术是要不来、买不来的，只有把关键核心技术掌握在自己手中，才能从根本上保障我国经济安全、国防安全和其他安全。

7

国家治理体系和治理能力

/ 时代内涵 /

国家治理体系和治理能力是一个国家制度和制度执行能力的集中体现。

国家治理体系是在党领导下管理国家的制度体系，包括经济、政治、文化、社会、生态文明和党的建设等各领域体制机制、法律法规安排，也就是一整套紧密相连、相互协调的国家制度；国家治理能力则是运用国家制度管理社会各方面事务的能力，包括改革发展稳定、内政外交国防、治党治国治军等各个方面。国家治理体系和治理能力是一个有机整体，两者相辅相成。

2013年11月，党的十八届三中全会提出："全面深化改革的总目标是完善和发展中国特色社会主义制度，推进国家治理体系和治理能力现代化。"

坚定国家治理的"中国道路"

道路千万条，管用第一条。

只有结合自身实际，开创出一条最符合自己国情的道路，才能越走越畅通，越走越宽阔，否则就会误入歧途。

纵观人类历史发展的进程，怎样治理社会主义社会，在以往的人类发展实践中没有答案。新中国成立后，我们党深入思考和探索怎样建设社会主义、怎样治理中国的问题，虽然也发生了严重的曲折，但在国家治理体系和治理能力上积累了丰富的经验，取得了重大成果。

谁都不能否认，当代中国正阔步走在中国特色社会主义道路上。这条道路不是天上掉下来的，而是党带领人民走出来、干出来的。砥砺前行 70 余载，中国实现了政治稳定、经济发展、社会和谐、民族团结，这同世界上一些国家和地区不断出现乱局，形成了鲜明对比。

当前我国的国家治理体系和治理能力总体上是好的，是适应我国国情和发展要求的。同时我们也应该清醒地认识到。相比我国经济社会发展的要求，相比人民期待，相比当今世界日趋复杂的国际竞争，相比实现国家长治久安，我们在国家治理体系和国家治理能力方面还有许多不足，还有许多亟待改进的地方。

新时代，推进国家治理体系和治理能力现代化，绝不是搞西方化、资本主义化。而是要借鉴人类政治文明的有益成果，绝不照搬照抄西方制度模式，坚定中国特色社会主义制度，坚定国家治理的中国方案、中国智慧。

新时代，推进国家治理体系和治理能力现代化。真正实现社会稳定，国家长治久安，不但要靠制度的不断完善和推进，而且要靠立足于国情实际的探索实践，还要靠高素质的党员干部队伍。

8

乡村振兴战略

/ 时代内涵 /

乡村振兴战略，是习近平同志在党的十九大报告中提出的党和国家的重大发展战略。党的十九大报告指出，农业农村农民问题是关系国计民生的根本性问题，必须始终把解决好“三农”问题作为全党工作的重中之重，实施乡村振兴战略。

近年来，国家对新发展阶段优先发展农业农村、全面推进乡村振兴作出总体部署，为做好当前和今后一个时期“三农”工作指明了方向。

2018 年 9 月，中共中央、国务院印发《乡村振兴战略规划（2018—2022 年）》。2021 年 2 月 21 日，中共中央、国务院发布《关于全面推进乡村振兴加快农业农村现代化的意见》；2 月 25 日，国务院直属机构国家乡村振兴局正式挂牌；3 月，中共中央、国务院发布《关于实现巩固拓展脱贫攻坚成果同乡村振兴有效衔接的意见》，提出重点工作。

民族要复兴，乡村必振兴

国以农为本。

千百年来，中华民族始终坚持“重农”的思想。从古至今，对于中国而言，农业农村农民问题都是关系国计民生的“根本性问题”。

我们党自成立以来就高度重视农村农民问题，把为农民谋幸福作为重要使命。新民主主义革命时期，正是土地政策得到了亿万农民的拥护，我们党才得以领导农民打土豪、分田地取得革命胜利。社会主义革命和建设时期，我们开展集体经济，大兴水利取得了了不起的成就。改革开放以后，我们带领农民实行家庭联产承包责任制，取消农业税、牧业税、特产税，农业农村发展迈入“快车道”。

党的十八大以来，我们党高度重视“三农”工作，全面深化农村改革，确立了农业农村优先发展总方针，实施精准扶贫，作出实施乡村振兴战略的重大决策部署，成就非凡。

“十三五”时期，14 亿中国人的饭碗端得更牢。坚持藏粮于地、藏粮于技战略，粮食产量连续 6 年超过 1.3 万亿斤。农业现代化建设迈上新台阶。农业科技进步贡献率突破 60%，全国农作物耕种收综合机械化率超过 70%，主要农作物良种实现全覆盖，质量兴农、绿色兴农成为现代农业主旋律。农民收入提前实现翻番目标。农村居民人均可支配收入 2019 年突破 1.6 万元，提前一年比 2010 年翻一番。

新时代实施乡村振兴战略是党和国家的重大战略部署，是推动农业农村与国家同步实现现代化，顺应亿万农民对美好生活向往的必然要求。显然没有农业农村的现代化就没有整个国家的现代化。建设社会主义现代化国家，任何时候都不能忽视农业、忘记农民、淡漠农村。

当前，乡村振兴实现良好开局。乡村振兴战略规划发布实施，《中国共产党农村工作条例》颁布施行，乡村振兴制度框架基本形成。农村卫生厕所普及率超过 65%，行政村生活垃圾收运处置体系覆盖率超过 90%，农村人居环境整治三年行动目标任务基本完成。农村水电路讯等基础设施加快建设，教育、医疗、养老等公共服务水平不断提升，乡村治理体系进一步完善，乡村面貌焕发新气象。

新时代，中国要强，农业必须强；中国要美，农村必须美；中国要富，农民必须富。乡村振兴是实现我国农业强、农村美、农民富的必由之路。

9

绿水青山也是金山银山

/ 时代内涵 /

“绿水青山就是金山银山”，即“两山论”，是2005年8月习总书记任浙江省委书记时提出的科学论断。其核心思想理念在于：生态环境保护和经济发展不是对立的，相反，保护生态环境就是保护生产力，改善生态环境就是发展生产力，即走绿色发展之路。

党的十九大报告明确指出，坚持人与自然和谐共生。必须树立和践行绿水青山就是金山银山的理念，坚持节约资源和保护环境的基本国策。

绿色发展是“美丽中国”的底色

生态兴则文明兴。

自然是生命之母，是人类赖以生存和发展的根基。纵观古今中外，生态环境的变化直接影响着国家文明的兴衰。璀璨的古埃及、古巴比伦文明的衰落，都与生态环境的持续恶化有关。

毋庸讳言，改革开放以来我国经济社会发展取得了巨大的成就。但是，也积累了大量生态环境问题，严重影响着人们的生活与健康，成为民生之痛。毕竟，环境容量有限，承载力有限。当前，我国“胡焕庸线”东南方43%的土地上居住着全国94%左右的人口，生态环境承载压力巨大。西北方的大片草原、戈壁沙漠、高原等，生态系统十分脆弱。

显然，这样的资源国情决定我国：既不能走“先污染后治理”的老路，也不能走“守着青山绿水苦熬”的穷路，而要走“把绿水青山变成金山银山”的绿色发展之路。

“绿水青山就是金山银山”，就是绿色发展之路，是新时代的中国发展观。绿水青山既是自然财富、生态财富，又是社会财富、经济财富。新时代，走绿色发展之路，建设美丽中国，就必须改变传统的生产模式和消费模式，实现经济社会发展和生态环境保护协调统一。

新时代，我国一方面要加快形成绿色发展方式，调整经济结构和能源结构，培育壮大新型生态产业体系，提高资源全面节约和循环利用能力水平；另一方面倡导简约适度、绿色低碳的生活方式，创建绿色家庭、绿色社区、绿色学校，形成文明健康生活风尚，形成社会自觉。

10

“双循环”

/ 时 代 内 涵 /

“双循环”，即国内国际双循环。2020 年上半年以来，习总书记在多个场合反复强调，“构建以国内大循环为主体、国内国际双循环相互促进的新发展格局”。构建新发展格局是党中央在国内外环境发生显著变化的大背景下，推动我国开放型经济向更高层次发展的重大战略部署。

2021 年 3 月，《中华人民共和国国民经济和社会发展第十四个五年规划和 2035 年远景目标纲要》提出，加快构建以国内大循环为主体、国内国际双循环相互促进的新发展格局。

“双循环”：推动中国经济行稳致远

任何国家的发展都不是一帆风顺的，历史总是在跌宕起伏甚至曲折中前进。

改革开放之前，我国实行计划经济体制，经济发展以国内循环为主，进出口占国民经济的比重非常小。

改革开放之后，我们打开国门，扩大对外贸易和吸引外资。尤其是2001年加入世界贸易组织之后，我国深度参与国际分工融入国际大循环形成了市场和资源“两头在外”的发展格局。我国抓住世界全球化的机遇，逐步成为“世界工厂”，经济实力快速提升，人民生活得到大幅度改善。

2008年，国际金融危机爆发，我国把扩大内需作为保持经济平稳较快发展的基本立足点，有效应对了外部风险，推动了经济向内需主导转变，国内循环在经济中的作用开始提升。

党的十八大以来，我国经济转向高质量发展。基于改革发展形势，我们党提出了推进供给侧结构性改革，有效改善供给关系，同时持续深入实施扩大内需战略。我国对外贸易依存度从2006年的64.2%下降到2019年的31.8%。

近两年，经济全球化遭遇逆风，而且新冠肺炎疫情加剧了逆全球化趋势，各国内顾倾向明显上升，我国发展面临的外部环境出现重大变化。党和国家审时度势、积极把握发展主动权，明确提出“构建以国内大循环为主体、国内国际双循环相互促进的新发展格局”。

我们需要清醒地认识到：新发展格局是开放的国内国际双循环，不是封闭的国内单循环。我国经济已经深度融入世界经济，同全球很多国家的产业关联和相互依赖程度都比较高，内外需市场本身是相互依存、相互促进的。以国内大循环为主体绝不是闭关锁国，而是通过发挥内需潜力使国内市场和国际市场更好联通。要科学认识国内大循环和国际双循环的关系，建设高水平开放型经济新体制，实施更大范围、更宽领域、更深层次的对外开放。

第四章

“中国精神”是兴国强国之魂

大力弘扬民族精神和时代精神。以爱国主义为核心的民族精神和以改革创新为核心的时代精神，是凝心聚力的兴国之魂、强国之魂。要聚焦培养担当民族复兴大任的时代新人，培育和践行社会主义核心价值观，广泛开展爱国主义、集体主义、社会主义教育，提高人们的思想觉悟、道德水准和文明素养。要唱响人民赞歌、展现人民风貌，大力弘扬中国人民在长期奋斗中形成的伟大创造精神、伟大奋斗精神、伟大团结精神、伟大梦想精神，生动展示人民群众在新时代的新实践、新业绩、新作为。

——《新时代爱国主义教育实施纲要》

1

民族精神

/ 时代内涵 /

民族精神，是一个民族赖以生存和发展的精神支撑。

在5000多年的发展中，中华民族形成了以爱国主义为核心的团结统一、爱好和平、勤劳勇敢、自强不息的伟大民族精神。其核心——爱国主义，则是千百年来形成的对于自己祖国挚爱的深厚情感。

新时代，习总书记定义了民族精神新内涵：伟大创造精神、伟大奋斗精神、伟大团结精神、伟大梦想精神。

民族精神是民族的“魂”

一个国家的繁荣，离不开人民的奋斗；一个民族的强盛，离不开精神的支撑。

千百年来，中华民族精神薪火相传，越燃越旺。一代又一代中华儿女前赴后继、不屈奋斗，留下了无数可歌可泣的爱国主义英雄事迹。屈原、文天祥、郑成功、邓世昌、杨靖宇等，是其中的杰出代表。

人民是历史的创造者，是伟大民族精神的孕育者。井冈山精神、红军长征精神、延安精神、红岩精神、西柏坡精神是革命战争时期中华民族精神的突出表现。“两弹一星”精神、抗洪精神、载人航天精神、抗震救灾精神、抗疫精神等是新中国成立后中华民族精神的突出表现。

新时代，对于民族精神，习总书记给出了权威定义：伟大创造精神、伟大奋斗精神、伟大团结精神、伟大梦想精神。

这一定义有着对中国传统厚重底蕴的深刻思考。伟大创造精神，体现在群星闪耀的诸子百家，体现在影响世界的四大发明，体现在诗词曲，体现在有形的、无形的文化遗存；体现在中国人民千百年来的生产生活，体现在56个民族多元一体、交织相融；体现在小康的理念、大同的情怀，体现在勇于追求和实现梦想的执着精神。

这一定义有着对近代中国苦难辉煌的感同身受。伟大创造精神，让中国甩掉积贫积弱的帽子，让我们从亡国灭种的边缘走到繁荣昌盛的今天，让各民族人民手挽手、肩并肩浴血奋战，书写保卫祖国、抵御外侮的壮丽史诗，让我们迎来了从站起来、富起来到强起来的伟大飞跃。

这一定义有着对未来中国光明前景的坚定自信。伟大创造精神，已经让奇迹在中华大地上不断涌现，更会让我们不断创造出一个又一个更新、更大、更震撼的人间奇迹，让中国人民不断刷新自己的美好生活，让我们心往一处想，力往一处使，形成勇往直前、无坚不摧的强大力量。

新时代，面对世界范围各种思想文化的相互激荡，面对实现中华民族伟大复兴的崇高历史使命，我们每一个中华儿女都有责任、有义务弘扬和发展民族精神。

2

时代精神

/ 时 代 内 涵 /

时代精神是每一个时代特有的普遍精神实质，是一种超脱个人的共同的集体意识。当代中国时代精神的基本内涵，包括：改革创新、以人为本、和平发展、社会和谐、与时俱进。当代中国时代精神以改革创新为核心。

时代是精神的试金石

时代是“出卷人”，我们是“答卷人”，人民是“阅卷人”。

革命年代，中国人民不屈不挠、团结一心，挽狂澜于既倒、扶大厦之将倾，写下保家卫国、抵御外侮的壮丽史诗。

改革开放以来，中国人民勤劳努力、不懈奋斗，短短 40 多年走过西方国家几百年的发展之路，阔步走近世界舞台的中央。

党的十八大以来，中国人民怀揣梦想、勇攀高峰，以历史性成就和变革，让中国特色社会主义进入新时代，迎来了中华民族从站起来、富起来到强起来的伟大飞跃。“为有牺牲多壮志，敢教日月换新天。”

中国历史的每一步向前，无不源于伟大民族精神的推动；中华民族的每一个成就，无不源于伟大民族精神的书写。放眼未来，伟大复兴的光明前景需要伟大民族精神的支撑。

新时代，开启新征程。世界正经历百年未有之大变局，实现中华民族伟大复兴正处于关键时期。显然，越是接近宏伟目标，面临的形势越是复杂，需要承担的任务越是艰巨，时代新人也越是需要具有崭新的面貌、过硬的素质，迎难而上，挺身而出。

青年兴则国兴，青年强则国强。

全面建设社会主义现代化国家，实现中华民族伟大复兴，是一场接力跑，是一场持久战，必须步步为赢、久久为功。新时代，肩负国家民族复兴大任，青年一代是先锋队、生力军。新时代的中国青年应当在劈波斩浪中开拓创新，在披荆斩棘中开天辟地，在攻坚克难中开创业绩，用青春和汗水创造改革发展新奇迹。

3

社会主义核心价值观

/ 时代内涵 /

党的十八大提出，倡导富强、民主、文明、和谐，倡导自由、平等、公正、法治，倡导爱国、敬业、诚信、友善，积极培育和践行社会主义核心价值观。

党的十八大以来，中央高度重视培育和践行社会主义核心价值观。习总书记多次作出重要论述、提出明确要求。中共中央办公厅印发《关于培育和践行社会主义核心价值观的意见》。

以培养“时代新人”为着眼点

人民有信仰，国家有力量，民族有希望。

建党百年历程，我们党历来高度重视培养人的问题。在改造旧世界、建设新社会的历史进程中，我们党始终把培养一代新人作为重要任务。

一代人有一代人的长征，一代人有一代人的担当。

新时代，实现中华民族伟大复兴的中国梦，需要千千万万堪当大任的时代新人！习总书记指出，国家的希望在青年，民族的未来在青年。“培养什么样的人”是社会主义核心价值观建设的根本性问题。

党的十八大以来，我们分别从国家、社会和个人三个层面提出了：富强、民主、文明、和谐；自由、平等、公正、法治；爱国、敬业、诚信、友善的社会主义核心价值观。党的十九大把“培育什么样的核心价值观”同“培养什么样的人”紧密相连，提出了“培养担当民族复兴大任的时代新人”这一重大课题。

时代新人之“新”，特别体现在：有自信，尊道德，讲奉献，重实干，求进取。有自信，就是要有作为中华儿女的骄傲与自豪，作为时代中国人的骨气与底气，爱党、爱国、爱社会主义，坚定民族复兴的信心与决心。尊道德，就是继承中华传统美德、弘扬社会主义道德。讲奉献，就是要具有自觉的国家意识、民族意识、责任意识，主动担当民族复兴大任、贡献自身力量。重实干，就是坚持实践第一、求真务实，脚踏实地干事业，用勤劳双手创造美好生活。求进取，就是始终保持昂扬向上的状态姿态，勤于学习、开拓创新。

4

爱国主义

/ 时代内涵 /

爱国主义，是个人、集体对自己家园以及民族和文化的归属感、认同感、尊严感与荣誉感的统一。其集中表现为民族自尊心和民族自信心，为保卫祖国和争取祖国的独立富强而献身的奋斗精神。

新时代，爱国主义的内涵与外延，不仅体现在政治、法律、道德、艺术、宗教等各种意识形态和整个上层建筑之中，而且渗透到社会生活各个方面，成为影响民族和国家命运的重要因素。

2017 年 10 月 18 日，习总书记在党的十九大报告中指出，要加强思想道德建设。广泛开展理想信念教育，深化中国特色社会主义和中国梦宣传教育，弘扬民族精神和时代精神，加强爱国主义、集体主义、社会主义教育，引导人们树立正确的历史观、民族观、国家观、文化观。

实现中国梦想的“核心力量”

爱国主义是中华民族精神的核心。

爱国主义精神深深植根于中华民族心中。5000多年来，中华民族之所以能够经受住无数难以想象的风险和考验，始终保持旺盛生命力，生生不息，薪火相传，同中华民族有深厚持久的爱国主义传统是密不可分的。

中华民族的爱国主义精神内涵，有着深厚的历史、文化和情感积淀。其内涵更是多元而丰富的。

爱国，是心之所系、情之所归。爱国，是人民对于祖国的天然情感，是公民对于生长于斯的国家与生俱来的文化认同。不论这个国家是贫穷还是富裕，是先进还是落后，都值得人们从心底深处升腾起对于国家的深厚感情。这根源于共同的文化传统，共同的地域感情，共同的语言和生活习惯，乃至共同的生存生产环境。

需要特别强调的是：抵御外来侵略，捍卫国家主权完整，反对民族压迫，维护社会安定，是中华民族爱国主义传统的核心内容。

爱国，是中华民族的精神基因。爱国主义精神维系着各民族的团结统一，激励着一代又一代中华儿女为祖国发展繁荣而不懈奋斗。爱国，还要热爱社会主义国家的制度，表现在为了制度的更加完善，贡献自己的聪明才智，应对改革发展中的各类难题，建设共同的美丽家园。爱国还表现在对国家优秀文化、历史积淀的热爱，乃至对国家山河草木的热爱。

爱国，要从点滴做起。2018年5月2日，习总书记在北京大学师生座谈会上的讲话指出，要时时想到国家，处处想到人民，做到“利于国者爱之，害于国者恶之”。爱国，不能停留在口号上，而是要把自己的理想同祖国的前途、把自己的人生同民族的命运紧密联系在一起，扎根人民，奉献国家。

新时代，要大力弘扬伟大爱国主义精神，大力弘扬以改革创新为核心的时代精神，为实现中华民族伟大复兴的中国梦提供共同精神支柱和强大精神动力。

新时代，爱国主义的情感之中，同样承载着亿万国民的现实梦想。而一个强大的国家，更容易让民众的个人梦想得以实现。让我们更加热烈地热爱我们的祖国，自我做起，从点滴做起，用实际行动为祖国发展贡献自身力量。

5 中国共产党精神谱系

/ 时代内涵 /

中国共产党精神谱系，即中国共产党在百年艰苦卓绝的奋斗中，一代又一代中国共产党人顽强拼搏、不懈奋斗，涌现了一大批视死如归的革命烈士、一大批顽强奋斗的英雄人物、一大批忘我奉献的先进模范，形成了井冈山精神、长征精神、遵义会议精神、延安精神、西柏坡精神、红岩精神、抗美援朝精神、“两弹一星”精神、特区精神、抗洪精神、抗震救灾精神、载人航天精神、抗疫精神等伟大精神。这一系列宝贵的思想财富构筑起了中国共产党人立党、兴党、强党的精神谱系。

理想信念，是共产党人“精神之钙”

放眼党的百年历程：从石库门到天安门，一个只有50多名党员的党，如今已成为拥有9000多万名党员的世界第一大党。无数历史事实说明，共产党人的理想信念和优良作风是在历史长河中铸就和锤炼出来的。

对马克思主义的信仰，对社会主义和共产主义的信念，是共产党人的政治灵魂，是共产党人经受住任何考验的精神支柱。理想信念就是共产党人精神上的钙，坚定理想信念始终是共产党人安身立命的根本。

坚定理想信念事关党、国家的精神力量和前途命运。一些人想当然地认为中国共产党同西方政党一样，也是有自己的私利的，这个观点是绝对错误的。我们党除了国家、民族、人民的利益，没有任何自己的特殊利益。

信念不牢，地动山摇。苏联解体、苏共垮台、东欧剧变，就是活生生的惨痛的教训。苏联共产党拥有20多万名党员时夺取了国家政权，拥有200万名党员时打败了希特勒，而拥有2000万名党员时却失去了政权，究其原因就是很多党员干部的理想信念已经荡然无存了。历史和现实都告诉我们，一个政党理想信念坚定就拥有无比强大的力量，反之，就会成为乌合之众，一盘散沙。

当前我们党的大多数党员干部理想信念是坚定的，政治素质是过硬的。但是，也有部分党员干部对共产主义心存怀疑，不信马列信鬼神，从封建迷信中寻找精神寄托；还有的人盲目崇拜西方社会制度和价值观念，对社会主义前途命运丧失信心。这些人之所以出现了理想信念方面的这样那样的问题，说到底就是因为他们的信仰迷茫、精神迷失。

新时代，党的政治建设是党的根本性建设，思想建设是党的基础性建设。坚定理想信念是党的思想建设的首要任务。新时代，要推动理想信念教育常态化、制度化，引导教育全党牢记党的宗旨，挺起共产党人的精神脊梁，解决好世界观、人生观、价值观的问题，真正让理想信念成为心中的灯塔。

新时代，党的初心和使命是党的性质宗旨、理想信念、奋斗目标的集中体现，我们党越是长期执政，越不能丢掉马克思主义政党的本色，广大党员干部越不能忘记初心使命，越不能丧失自我革命精神。

6

伟大建党精神

/ 时代内涵 /

伟大建党精神，指的是坚持真理、坚守理想，践行初心、担当使命，不怕牺牲、英勇斗争，对党忠诚、不负人民。

2021年7月1日，中共中央总书记、国家主席、中央军委主席习近平在庆祝中国共产党成立100周年大会上的讲话提到：“一百年前，中国共产党的先驱们创建了中国共产党，形成了坚持真理、坚守理想，践行初心、担当使命，不怕牺牲、英勇斗争，对党忠诚、不负人民的伟大建党精神，这是中国共产党的精神之源。”

新时代弘扬伟大建党精神，矢志不渝、久久为功

人无精神则不立，国无精神则不强。

伟大建党精神已深深融入党、国家、民族、人民的血脉和灵魂，成为中华民族精神的丰富滋养，是民族精神和时代精神的重要组成部分，是党和国

家的宝贵精神财富。继承弘扬伟大建党精神，必将成为激励全党全国人民迈进新征程、奋进新时代，不断攻坚克难、从胜利走向胜利的强大精神动力。

弘扬伟大建党精神，切实学懂弄通做实习近平新时代中国特色社会主义思想，坚定信仰信念信心。坚定理想信念，坚守共产党人精神追求，始终是共产党人安身立命的根本。理论兴则党兴，思想强则党强。新时代弘扬伟大建党精神，就要用习近平新时代中国特色社会主义思想这一当代中国马克思主义、21 世纪马克思主义武装全党、教育人民，走好新时代新征程，实现第二个百年奋斗目标。

弘扬伟大建党精神，推进新时代党的建设新的伟大工程，坚守共产党人的初心和使命。初心和使命是激励中国共产党人不断前进的根本动力。新时代弘扬伟大建党精神，就要把不忘初心、牢记使命作为加强党的建设的永恒课题，作为全体党员干部的终身课题，把党的自我革命推向深入，坚决清除一切弱化党的先进性、损害党的纯洁性的因素，坚决防范一切违背初心和使命、动摇党的根基的危险，把党建设成为始终走在时代前列的马克思主义执政党。

弘扬伟大建党精神，勇于进行具有许多新的历史特点的伟大斗争，随时准备为党和人民牺牲一切。中华民族伟大复兴，绝不是轻轻松松、敲锣打鼓就能实现的，前进之路必然有各种风险考验甚至会遇到惊涛骇浪，必须时刻进行具有许多新的历史特点的伟大斗争。新时代弘扬伟大建党精神，就要弘扬不怕牺牲精神，在关键时刻挺身而出，敢于担当作为，敢于动真碰硬，敢于创新，甘于奉献，为了集体利益舍弃个人利益，不断夺取伟大斗争新胜利。

弘扬伟大建党精神，真正把对党忠诚作为共产党人首要的政治品质，始终把人民放在心中最高位置。中国共产党的力量来自党员对党的事业的忠诚，来自党员贯彻执行党的路线方针政策的自觉性、坚定性。新时代弘扬伟大建党精神，就要增强“四个意识”、坚定“四个自信”、做到“两个维护”，牢记“国之大者”，始终在思想上、政治上、行动上同以习近平同志为核心的党中央保持高度一致。始终同人民想在一起、干在一起，从最困难的群众入手，从最突出的问题抓起，从最现实的利益出发，不断实现人民对美好生活的向往。

（内容来源：中共中央党史和文献研究院——《伟大建党精神：中国共产党的精神之源》,《求是》2021 年第 14 期）

7

钉钉子精神

/ 时代内涵 /

钉钉子精神，是习总书记以朴素的话语，提出的意蕴深远的命题。干事业好比钉钉子，钉钉子是要一锤一锤接着敲，才能把钉子钉实钉牢。钉牢一颗再钉下一颗，不断钉下去，必然大有成效。干事业何尝不也是如此？一个单位、一个地区面貌的改变，并非一朝一夕之功，而需要沿着正确的目标久久为功、持之以恒。

新时代，习近平强调，发扬钉钉子的精神，一张好的蓝图一干到底。

一张蓝图绘到底

政贵有恒，治须有常。

新时代的中国，正自信满满地走在全面建设社会主义现代化国家的新征程上，向着第二个百年奋斗目标进军。

中国式的现代化是发展中国家的现代化，是超大规模的现代化，将深刻改变世界面貌，为整个人类社会发展作出前所未有的贡献。迄今为止，全球实现现代化的国家和地区人口约有 10 亿人。美国是世界最大的发达国家，也不过 3 亿多人口。而中国有 14 亿人口，国土面积广大，人口规模巨大，地域差距悬殊，要想在这样的国家实现现代化是一个世界性的难题。因此，我们必须发扬钉钉子的精神，一张蓝图绘到底。

实践是不断发展的，我们的认识和工作也要不断与时俱进，看准了的要及时调整和完善，切忌一任班子一张蓝图，新官不理旧账。广大党员领导干部要有“功成不必在我”的境界和“功成必定有我”的担当，正确处理长远利益、根本利益和个人利益的关系，不搞脱离实际的盲目攀比，不搞劳民伤财的“形象工程”“政绩工程”，真正做到对人民、对历史负责。

发展是解决一切问题的总钥匙，没有发展一切都无从谈起。没有扎扎实实的发展成果，美好的生活就是空中楼阁。人民对美好生活的向往就是我们的奋斗目标。天上不会掉馅饼，美好生活不会凭空而来，只有努力奋斗才能梦想成真。

新时代，我们要永远保持共产党人的奋斗精神，永远保持对人民的赤子之心，发扬钉钉子精神，始终同人民想在一起、干在一起，为人民创造美好、幸福的生活。

8

劳模精神

/ 时代内涵 /

新时代，习总书记曾多次深刻阐释劳模精神的内涵：爱岗敬业、争创一流、艰苦奋斗、勇于创新、淡泊名利、甘于奉献。

空谈误国，实干兴邦

壮哉复兴梦，美哉劳动者。

劳动模范是劳动群众的杰出代表，是最美的劳动者。

新中国成立 70 多年来，在劳模精神的引领和鼓舞下，我国工人阶级和广大劳动者在社会主义革命、建设、改革的伟大事业中用勤劳和汗水、智慧和创造，营造了劳动光荣、知识崇高、人才宝贵、创造良好的社会风尚，谱写了气壮山河的壮丽篇章。

可以说，从“铁人精神”“红旗渠精神”到“载人航天精神”再到“抗疫精神”，正是广大劳动者手不停歇、脚不停步，真抓实干、无私奉献，才成就了今日中国的大好发展局面。

在奋发有为、砥砺前行的改革发展进程中，无数劳动模范和先进工作者以自身的模范行动和崇高品质，生动诠释了中国人民具有的伟大创造精神、伟大奋斗精神、伟大团结精神、伟大梦想精神，连续谱写了“中国梦·劳动美”的新篇章。

在当代中国，工人阶级和广大劳动群众始终是推动我国经济社会发展、维护社会安定团结的根本力量。劳动模范是民族的精英、人民的楷模，是共和国的功臣。

面向未来，无论时代条件如何变化，我们始终都要崇尚劳动、尊重劳动者，始终重视发挥工人阶级和广大劳动群众的主力军作用。广大劳动模范和先进工作者要在各自岗位上拼搏奋斗，用干劲、闯劲、钻劲鼓舞更多的人，让勤奋做事、勤勉为人、勤劳致富在全社会蔚然成风，激励广大劳动群众争做新时代的奋斗者。

新时代，我们要尊重人民群众首创精神，维护和发展劳动者的利益，保障劳动者的权利，排除阻碍劳动者参与发展、分享发展成果的障碍，努力让劳动者实现体面劳动、全面发展。

如今，“十四五”壮阔蓝图正在徐徐展开，全面建设社会主义现代化国家新征程已然开启。

继续走好新时代长征路，我们要继续大力弘扬爱岗敬业、争创一流、艰苦奋斗、勇于创新、淡泊名利、甘于奉献的劳模精神，用劳动模范和先进工作者的崇高精神和高尚品格鞭策自己，努力在全面建设社会主义现代化国家新征程上创造新的时代辉煌，铸就新的历史伟业。

9

劳动精神

/ 时代内涵 /

2020年11月24日，习总书记在全国劳动模范和先进工作者表彰大会上，深刻阐释劳动精神的内涵：崇尚劳动、热爱劳动、辛勤劳动、诚实劳动。

劳动是成功的必由之路

劳动是一切幸福的源泉。

尊重劳动、尊重知识、尊重人才、尊重创造，是一个社会的文明标志。从古至今，中华民族都是一个热爱劳动的民族。热爱劳动，是中华民族的传统美德之一。

人民创造历史，劳动开创未来。劳动是推动人类社会进步的根本力量，幸福不会从天而降，梦想不会自动成真。

随着经济社会发展，劳动的方式在发生变化，但“功崇惟志，业广惟勤”始终是不变的人生哲理。回首历史，从“走在时间前面的人”王崇伦到

“当代雷锋”郭明义，从“铁路小巨人”巨晓林到“金牌焊工”高凤林……一代又一代热爱劳动、勤于劳动、善于劳动的高素质劳动者，用对事业的“痴”、对岗位的“爱”、对工作的“狂”，垒筑起共和国的巍峨大厦，标注了建设者们的奋斗底色。

需要明确的是，劳动没有高低贵贱之分，任何一份职业都很光荣。个人向上，国家向前，一代又一代产业工人在劳动中收获了个人成长，也为国家发展作出了贡献。

三百六十行，行行出状元。无数坚守岗位、创造奇迹的典型事迹告诉我们：在任何时候、任何情况下，即便在最基层的岗位上，也要胸怀大局，把国家富强、民族振兴、人民幸福作为人生追求，干一行爱一行、专一行精一行，始终铆在站位上、钉在最前沿。

新时代，崇尚劳动、热爱劳动、辛勤劳动、诚实劳动，是人生出彩的金钥匙，也是创造美好生活的必经之路。奋斗“十四五”、奋进新征程，我们必须大力弘扬劳动精神。

历史和现实充分证明，有坚定的理想信念，有不懈的奋斗精神，脚踏实地把每一件小事做好，一切平凡的人都可以赢得不平凡的人生，一切平凡的工作都可以成就不平凡的业绩。

劳动最光荣、劳动最崇高、劳动最伟大、劳动最美丽。

新时代，每一个人都向往幸福，追求幸福。只有坚持立足岗位，为之乐、乐为之，生命才能从平凡中闪光，幸福才会从奋斗中来临。崇尚劳动、热爱劳动、辛勤劳动、诚实劳动，奋斗不息、久久为功，光荣必将属于我们，幸福必将属于我们。

10

工匠精神

/ 时代内涵 /

工匠精神，是一种职业精神，是职业道德、职业能力、职业品质的体现，是从业者的一种职业价值取向和行为表现。

党的十八大以来，党和国家高度重视大国工匠的培育，高度重视工匠精神的弘扬与传承。2020 年 11 月 24 日，习总书记在全国劳动模范和先进工作者表彰大会上，深刻阐释工匠精神的内涵：执着专注、精益求精、一丝不苟、追求卓越。

民族复兴，“工匠精神”必不可少

当今中国，正处于实现中华民族伟大复兴的关键时期。

曾记否，70 余年前，旧中国硝烟弥漫，山河破碎，满目疮痍，国家和民族积贫积弱，一穷二白。而今天中国早已旧貌换新颜，经济实力和综合国力名列世界前茅，中华民族伟大复兴的壮丽新征程迎来新的曙光。

曾记否，70余年前，旧中国的百姓，衣不遮体、食不果腹、命运多舛、颠沛流离。而今日之中国，人民早已成为国家社会和自己命运的主人，我们已经全面建成小康社会，人民摆脱了绝对性贫困和区域性贫困，过上了相对殷实幸福的小康生活。

……

70余年来，勤劳勇敢的中国人民，在中华大地上描绘了一幅幅波澜壮阔的锦绣画卷。

同时，在这伟大的奋斗历程中，一代又一代的中国工人用敬业、精益、专注与创新，共同传承和培育起“工匠精神”。无论是传统制造业还是新兴制造业，无论是工业经济还是数字经济，工匠始终是中国制造业的重要力量，工匠精神始终是创新创业的重要精神源泉。

新时代，实现中华民族伟大复兴的中国梦，不仅需要大批科学技术专家，同时也需要千千万万名能工巧匠。更为重要的是，“工匠精神”作为一种优秀的职业道德文化，它的传承和发展契合了时代发展的需要，具有重要的时代价值与广泛的社会意义。

新时代，中国制造、中国创造需要培养更多高技能人才和大国工匠。同时，更需要“工匠精神”激励更多劳动者特别是青年人走技能成才、技能报国之路。新时代，大力弘扬“工匠精神”，就是要在新时代的中国造就一支有理想守信念、懂技术会创新、敢担当讲奉献的庞大产业工人队伍，为经济社会发展注入充沛动力。

时代发展需要大国工匠。新时代，我们要大力弘扬工匠精神，让崇尚工匠精神的理念深入人心，让每一位劳动者在新时代书写出更多更精彩更动人的“工匠故事”。

11

丝绸之路精神

/ 时代内涵 /

丝绸之路精神，是指中华民族在同其他民族的友好交往中形成的以“和平合作、开放包容、互学互鉴、互利共赢”为特征的精神。

丝绸之路精神是人类文明的宝贵遗产。和平合作是前提，开放包容是根本，互学互鉴是手段，互利共赢是目的。作为丝绸之路沿线各国人民共有的价值追求，作为欧亚各国在彼此交往的历史进程中积累的经验和智慧总结，丝绸之路精神对于建设“一带一路”，进一步促进不同国家、不同地区人民的心灵交融，意义十分重大。新时代，“一带一路”的“朋友圈”正在不断扩大。

文明因交流互鉴而丰富多彩

丝绸之路精神，是现代国际社会交往的最基本原则之一，是塑造国际政治经济新秩序的必然要求。

弘扬丝绸之路精神，就是要促进文明互鉴。人类文明没有高低优劣之分，因为平等交流而变得丰富多彩。“一带一路”建设跨越不同地域、不同发展阶段、不同文明，是各方共同打造的全球公共产品。各国应以文明交流超越文明隔阂、文明互鉴超越文明冲突、文明共存超越文明优越，把“一带一路”建设成文明之路。

弘扬丝绸之路精神，就是要尊重道路选择。一个国家发展道路合不合适，只有这个国家的人民最有发言权，不能要求有着不同文化传统、历史遭遇、现实国情的国家都采用同一种发展模式。各国应尊重彼此主权、尊严、领土完整，尊重彼此发展道路和社会制度，尊重彼此核心利益和重大关切，把“一带一路”建设成和平之路。

弘扬丝绸之路精神，就是要坚持合作共赢。我们追求的是共同发展。我们既要让自己过得好，也要让别人过得好。各国应聚焦发展这个根本性问题，释放发展潜力，实现经济大融合、发展大联动、成果大共享，把“一带一路”建设成繁荣之路。

同时，各国应进一步打造开放型合作平台，维护多边贸易体制，解决经济增长和平衡问题，把“一带一路”建设成开放之路。

弘扬丝绸之路精神，就是要倡导对话和平。以建设性姿态参与地区事务，主持公道、伸张正义，推动通过对话找到各方关切的最大公约数，为妥善解决地区热点问题提供更多公共产品。同时，各国还应坚持创新驱动发展，优化创新环境、聚集创新资源，把“一带一路”建设成创新之路。

坚持丝绸之路精神，推动世界繁荣发展，是各国人民共同的愿望。当前，在全球贸易保护主义和单边主义上升，在逆全球化思潮抬头的背景下，弘扬丝绸之路精神，推动共建“一带一路”，体现了我们的大国担当。

新时代，我们要继续秉持共商、共建、共享原则，坚持开放、绿色、廉洁理念，推动“一带一路”建设沿着高质量发展方向不断前进。

12

抗疫精神

/ 时代内涵 /

抗疫精神，是中国人民和中华民族在同新冠肺炎疫情殊死较量中铸就的宝贵精神财富：生命至上、举国同心、舍生忘死、尊重科学、命运与共。

抗疫精神，挺立民族“精神脊梁”

人无精神则不立，国无精神则不强。

在中华民族绵延数千年的发展历程中。人民培育、继承、发展了以爱国主义为核心的伟大民族精神，为中华文明的进一步发展提供了强大的精神动力。

我们党自诞生发展百年来一直是民族精神最坚定的弘扬者和实践者，用实际行动铸就了共产党人的精神谱系。伟大的抗疫精神就是这一精神谱系中最新的结晶，是新时代最闪耀的精神标识。

习总书记指出：“伟大抗疫精神，同中华民族长期形成的特质禀赋和文化基因一脉相承，是爱国主义、集体主义、社会主义精神的传承和发展，是中国精神的生动诠释，丰富了民族精神和时代精神的内涵。”

生命至上，体现了中国人民深厚的仁爱传统和中国共产党以人民为中心的价值追求。举国同心，体现了中国亿万人民万众一心、众志成城、同甘共苦、共克时艰的团结伟力。舍生忘死，体现了中国人民敢于压倒一切困难而不被任何困难所压倒的顽强意志和拼搏精神。尊重科学，体现了中国人民求真务实、开拓创新的实践品格。命运与共，体现了中国人民和衷共济、爱好和平的道义与担当。

在抗击新冠肺炎疫情的斗争中，14 亿中国人民同呼吸、共命运、肩并肩、心连心，绘就了团结就是力量的时代画卷，书写了“明知山有虎、偏向虎山行”的壮丽史诗。

与此同时，2020 年我国还向 150 多个国家和 10 个国际组织提供了各类抗疫援助，向有需要的 34 个国家派出了 36 支医疗专家组，向世界各国提供了 2200 多亿只口罩、22.5 亿件防护服、10.2 亿份检测试剂盒，向世界人民展示了新时代中国推动构建人类命运共同体的大国担当。

当下，我们还要在全社会大力弘扬伟大抗疫精神，使之转化为全面建设社会主义现代化国家、实现中华民族伟大复兴的强大力量。

第五章

踏着“英雄、先辈”的足迹向前

广泛开展党史、国史、改革开放史教育。历史是最好的教科书，也是最好的清醒剂。要结合中华民族从站起来、富起来到强起来的伟大飞跃，引导人们深刻认识历史和人民选择中国共产党、选择马克思主义、选择社会主义道路、选择改革开放的历史必然性，深刻认识我们国家和民族从哪里来、到哪里去，坚决反对历史虚无主义。

要继承革命传统，弘扬革命精神，传承红色基因，结合新的时代特点赋予新的内涵，使之转化为激励人民群众进行伟大斗争的强大动力。

要加强改革开放教育，引导人们深刻认识改革开放是党和人民大踏步赶上时代的重要法宝，是坚持和发展中国特色社会主义的必由之路，是决定当代中国命运的关键一招，也是决定实现“两个一百年”奋斗目标、实现中华民族伟大复兴的关键一招，凝聚起将改革开放进行到底的强大力量。

——《新时代爱国主义教育实施纲要》

1

中国道路

/ 时代内涵 /

中国道路，即中国特色社会主义道路，是中国共产党对现阶段纲领的概括，是中国人民的历史选择，是实现中国梦的必由之路。

中国特色社会主义道路，就是在中国共产党领导下，立足基本国情，以经济建设为中心，坚持四项基本原则，坚持改革开放，解放和发展社会生产力，建设社会主义市场经济、社会主义民主政治、社会主义先进文化、社会主义和谐社会、社会主义生态文明，促进人的全面发展，逐步实现全体人民共同富裕，建设富强、民主、文明、和谐、美丽的社会主义现代化强国，实现中华民族伟大复兴。

中国道路是历史和人民的选择

俗话说，鞋子合不合脚，穿过才知道。

当代中国正阔步走在中国特色社会主义道路上，这条道路不是从天上掉下来的，是党带领人民走出来、干出来、奋斗出来的。实践已经一次又一次证明，并将持续证明：这条道路适合中国的国情，适合中国特点，顺应时代发展趋势，是一条国家强盛之路、民族复兴之路。

从鸦片战争到新中国成立百余年间，中国人民始终在寻找一条救亡图存的道路。此时，中国共产党带领中国人民实现了民族独立、人民解放，开启了中华民族发展复兴的新纪元。

新中国成立之初，国民经济凋敝、百废待兴，我们照搬照抄苏联经验，但很快就意识到它的局限性，进而自主探索适合中国国情的社会主义建设道路。虽然我们也走过弯路，但取得的理论和实践经验为开启中国特色社会主义道路奠定了前提和基础。

党的十一届三中全会之后，我们把工作中心转移到经济建设上来，坚持走自己的路，开创和发展中国特色社会主义。改革开放 40 多年来，我们取得了前所未有的成就，使科学社会主义展现出旺盛的生命力。

你是否知晓：党的十八大以来，出现了新中国成立 70 多年来最大的“归国潮”。回到自己的祖国发展、就业，成为越来越多中国海外学子的最终选择。这一时期的归国人数占到 1978 年以来回国总人数的 70% 以上。是什么让“归国潮”不断涌起？说到底，是中国道路给予人们巨大的发展前景和美好未来。

回看来时路，我们应该深刻认识到：这条道路是中国人民在艰辛的实践中探索出来的。中国特色社会主义道路是历史的选择，是人民的选择。新时代，我们更有理由相信：具有无比广阔舞台、无比雄厚历史底蕴、无比强大前进定力的中国道路，必将越走越宽。

2

初心和使命

/ 时代内涵 /

中国共产党人的初心和使命，就是为中国人民谋幸福，为中华民族谋复兴。这个初心和使命是激励中国共产党人不断前进的根本动力。

这一概念是由习近平同志在作党的十九大报告时提出的。为中国人民谋幸福，为中华民族谋复兴的初心和使命，彰显了中国共产党人的历史自觉和政治担当、科学理念和长远眼光、顽强意志和斗争精神。

“不忘初心、牢记使命”永远在路上

不忘初心、牢记使命是共产党员的本质要求。

一名共产党员不忘初心，很重要的就是时刻不忘党员身份，时刻不忘全心全意为人民服务，为实现共产主义奋斗终生的要求。翻开党史，一代又一代的中国共产党人，勇往直前，前赴后继，抛头颅、洒热血，书写了坚守初心和使命的壮丽篇章。可以说，中国共产党跋涉风雨、砥砺前行的百年历程，就是一段中国共产党人践行初心和使命的光辉历程。

初心易得，始终难求。对一个政党来说、对一个人来说，最难得的就是久历沧桑而初心不改，饱经风霜而本色依旧。习总书记指出，今天仍有大量的各种考验，有时会有生死考验，在这种情况下，我们的党员干部能不能坚守党的初心和使命，经受住考验，这是需要我们不断用行动回答的一个严肃问题。

在新时代的背景下，面对新的形势发展任务和要求，自 2019 年 6 月开始，以县处级以上领导干部为重点，全党上下开展“不忘初心、牢记使命”主题教育。这次主题教育旨在牢牢把握“守初心、担使命、找差距、抓落实”的总要求，牢牢把握深入学习贯彻习近平新时代中国特色社会主义思想，锤炼忠诚干净担当的政治品格，团结带领全国各族人民为实现伟大梦想共同奋斗的根本任务，努力实现理论学习有收获、思想政治受洗礼、干事创业敢担当、为民服务解难题、清正廉洁做表率。

习总书记强调：“不忘初心、牢记使命，必须作为加强党的建设的永恒课题和全体党员、干部的终身课题常抓不懈。”

新时代，发展依然是当代中国的第一要务，中国执政者的首要使命就是集中力量提高人民生活水平，逐步实现共同富裕。

一个时代有一个时代的主题，一代人有一代人的使命。新长征路上，每一个中国人都是主角、都有一份责任。新时代的中国共产党人，应当站在新的历史起点上，不断叩问初心、滋养初心、锤炼初心、永葆初心、勇挑重担、永担使命，以“赶考”的心态向党和人民交上一份满意的答卷。

3

党史学习教育

/ 时代内涵 /

2021年2月1日，中共中央决定，在全党开展中共党史学习教育，激励全党不忘初心、牢记使命，在新时代不断加强党的建设。中共中央印发《关于在全党开展党史学习教育的通知》，就党史学习教育作出部署安排。

2月20日，党史学习教育动员大会召开，习总书记发表重要讲话强调，在全党开展党史学习教育，是党中央立足党的百年历史新起点、统筹中华民族伟大复兴战略全局和世界百年未有之大变局、为动员全党全国满怀信心投身全面建设社会主义现代化国家而作出的重大决策。全党同志要做到学史明理、学史增信、学史崇德、学史力行，学党史、悟思想、办实事、开新局，以昂扬姿态奋力开启全面建设社会主义现代化国家新征程，以优异成绩迎接建党一百周年。

学好党史是“必修课”

自2021年2月下旬，一门重要功课——党史改善了广大党员干部的学习日程。

“在全党集中开展党史学习教育，正当其时，十分必要。”在党史学习教育动员大会上，习总书记站在新时代党和国家事业发展全局的高度深刻阐释了党史学习教育“为什么学，学什么，如何学”等一系列重大问题。他同时勉励全党同志要做到学史明理、学史增信、学史崇德、学史力行，学党史、悟思想、办实事、开新局。

站在新的历史起点上学习党史，其目的有三条：一是用党的奋斗历程和伟大成就，鼓舞斗志、明确方向；二是用党的光辉传统和优良作风坚定信念、凝聚力量；三是用党的实践创造和历史经验启迪智慧、砥砺品格。

纵观党的百年发展历史，在每一个重大转折时期面对新形势、新任务，我们党总是号召全党同志加强学习。而每次这样的学习，都有力地提升了党员干部群众的素质，推动了党和人民事业的发展与进步。

学习党史，要知其然，更要知其所以然。悟思想是学习党史的真谛。深刻学习领会马克思主义发展新境界，深刻学习领会新时代党的创新理论，坚持不懈用习近平新时代中国特色社会主义思想武装头脑、指导实践、推动工作。

党的百年发展历程深刻告诉我们：江山就是人民，人民就是江山。学党史就要弄懂“为什么人、靠什么人”的问题。学党史要与办实事相结合，践行党的宗旨，把为民造福的实事办好。同时，也必须深刻认识到，打铁必须自身硬。党的百年发展历史，也是我们党不断保持党的先进性和纯洁性，不断防范被瓦解、被腐化危险的历史。

我们党已经走上第二个百年发展新征程。新时代，我们要在变局中开新局。我们必须从历史中获得启迪，从历史经验中提炼出克敌制胜的法宝，积极应对好前进道路上的各种风险与挑战。

4

党史观

/ 时代内涵 /

2021 年 2 月 20 日，在党史学习教育动员大会上，习总书记首次公开提出“树立正确党史观”的重要论述。

党的十八大以来，总书记就学习运用党史提出了一系列要求，其中就有关于历史观的重要论述。比如，“推动全党学习历史唯物主义基本原理和方法论”“对历史人物的评价，应该放在其所处时代和社会的历史条件下去分析”“抵御各种历史虚无主义谬论”等。

中国共产党百年史，有苦难辉煌，有伟大奇迹，也走过一些曲折弯路，以正确党史观来学习历史，就是要坚持历史唯物主义和辩证唯物主义的立场、观点、方法，认清主题主线，把握主流本质。

旗帜鲜明反对历史虚无主义

总结历史，就是为了更好地开辟未来！

党史观的问题，不仅关系到如何看待党的历史，而且涉及我们党如何立足现实、擘画未来。

习总书记在党史学习教育动员大会上特别提到党关于历史问题的两个决议：1945 年 4 月党的六届七中全会通过的《关于若干历史问题的决议》和 1981 年 6 月党的十一届六中全会通过的《关于建国以来党的若干历史问题的决议》。

这两个决议就是我们党正确运用唯物史观总结运用历史的典范。

第一个决议，是党第一次对自身历史经验作出的系统总结，为党的七大召开创造了政治上、思想上的充分条件。第二个决议，是党在改革开放之后，全面纠正“左”和“右”的错误，将全党的思想统一到党的十一届三中全会精神上来的重要决策。历史已然并将持续证明：两个决议在对历史的深刻总结中，起到统一思想认识、凝聚党心民心、激励奋发向前的作用。

新时代，坚持正确的党史观，需要特别强调：必须旗帜鲜明地反对历史虚无主义。习总书记指出：“我们不是历史虚无主义者，也不是文化虚无主义者，不能数典忘祖、妄自菲薄。”

一段时间以来，一些人就以“重新评价历史”“重估历史”为幌子，以“史料钩沉”的借口，妄图歪曲党和国家的历史，妄图割裂中国特色社会主义发展的源流，妄图否定党史的主流和本质。

有一些人甚至以庸俗、低俗、媚俗的手段来涂抹历史人物与事件，丑化党的领袖。比如，对刘胡兰、董存瑞、黄继光、邱少云、雷锋等英模人物进行“戏说”“恶搞”，对一些早有定论的汉奸、反动派、卖国贼等搞所谓“重新评价”“翻案”，企图解构崇高、诋毁英烈。也正是在这样的背景下，为了正本清源，加强对英雄烈士的保护，维护社会公共利益，传承和弘扬英雄烈士精神、爱国主义精神，2018 年，我国制定实施了《中华人民共和国英雄烈士保护法》。

历史虚无主义的本质，是从根本上否定马克思主义指导地位和中国走向社会主义的历史必然性，否定中国共产党的领导。

长期以来，我们党始终坚持：旗帜鲜明反对历史虚无主义，加强思想引导和理论辨析，正本清源、固本培元。

因此，我们要牢牢树立正确党史观，在杜绝和反对历史虚无主义这个问题上，脑子要特别清醒、眼睛要特别明亮、立场要特别坚定，理直气壮弘扬党史的浩然正气和英雄之气。

5

两个“不能否定”

/ 时代内涵 /

两个“不能否定”：不能用改革开放后的历史时期否定改革开放前的历史时期，也不能用改革开放前的历史时期否定改革开放后的历史时期。

这是习总书记在论述改革开放前后两个历史时期的关系时，明确提出的重要论断。

否定历史就意味着“背叛”

新中国成立以来，以党的十一届三中全会为标志，我们党领导人民进行的社会主义建设分为两个历史时期：改革开放前与改革开放后。

毋庸讳言，改革开放前后两个历史时期，在进行社会主义建设的思想方针政策、实际发展举措上都有巨大区别。在如何看待两者的关系上，有的人就将这两个历史时期割裂开来，对立开来，甚至相互否定。这是完全错误的。

从本质上来讲，无论是改革开放前，还是改革开放后的历史时期，都是我们党领导人民进行的社会主义建设实践探索，二者紧密相连、一脉相承。

改革开放前的社会主义实践探索，面对着积贫积弱、一穷二白的“烂摊子”，我们党带领人民群众建立起独立的、较为完整的工业体系和国民经济体系，建设起社会主义制度。这一时期的探索与实践，为改革开放后期中国特色社会主义的建立和发展奠定了物质基础、政治前提和制度保障。

改革开放后期的社会主义实践，是对前期的坚持、改革、发展。党的十一届三中全会以来，我们党确立解放思想、实事求是的思想路线，作出了实行改革开放的历史性决策，开创和发展了中国特色社会主义，取得了彪炳史册的发展奇迹。

回顾历史，用后人的时代条件、发展水平、认识水平去衡量和要求前人，苛求前人干出只有后人才能干出的业绩是不可取的，甚至是荒唐可笑的。评价一段历史，必须基于对历史条件、历史过程的全面认识和对历史规律的科学把握。只有坚持正确的历史观、党史观，分清主流和支流，才能坚持真理、修正错误、发扬经验、吸取教训、继续前进。

而且，忘记和否定历史，都意味着背叛。正确处理改革开放前后两个历史时期的关系，不只是一个历史问题，更是一个政治问题。苏联为什么解体？苏共为什么垮台？一个重要原因就是其全面否定苏联历史、苏共历史，否定列宁、斯大林，搞历史虚无主义，导致了严重的思想混乱、政治混乱。最终，苏共和苏联，皆分崩离析。

新时代，远眺前行之路，必须从历史中汲取智慧，不走老路和邪路，沿着中国特色社会主义道路坚定前行。

6

三个“伟大飞跃”

/ 时代内涵 /

三个“伟大飞跃”，出自2018年12月18日习近平在庆祝改革开放40周年大会上的讲话。

习近平指出，40年春风化雨、春华秋实，改革开放极大改变了中国的面貌、中华民族的面貌、中国人民的面貌、中国共产党的面貌。中华民族迎来了从站起来、富起来到强起来的伟大飞跃！中国特色社会主义迎来了从创立、发展到完善的伟大飞跃！中国人民迎来了从温饱不足到小康富裕的伟大飞跃！中华民族正以崭新姿态屹立于世界的东方！

赓续党的精神血脉“再出发”

从1921年到2021年，我们党带领人民在民族危亡的黑暗深远中探索了100年，中国人民在英勇的抗争中奋斗了100年，在不断的改革与进取中探索了100年。100年高岸深谷，100年沧海桑田，我们党做出了“三个伟大贡献”，实现了三次“伟大飞跃”。

第一个伟大历史贡献与第一次伟大飞跃：我们党团结带领中国人民完成新民主主义革命，建立中华人民共和国，实现了中国从几千年封建专制政治向人民民主的伟大飞跃。

第二个伟大历史贡献与第二次伟大飞跃：我们党团结带领中国人民完成社会主义革命，确立社会主义基本制度，推进社会主义建设，实现了中华民族由不断衰落到根本扭转命运、持续走向繁荣富强的伟大飞跃。

第三个伟大历史贡献与第三次伟大飞跃：我们党团结带领中国人民进行改革开放新的伟大革命，开辟了中国特色社会主义道路，形成了中国特色社会主义理论体系，确立了中国特色社会主义制度，实现了中国人民从站起来、富起来到强起来的伟大飞跃。

回顾历史，我们取得的所有成就都是党带领人民共同创造的，都是无数英烈楷模用汗水和热血铸就的。要深刻认识红色政权来之不易，新中国来之不易，中国特色社会主义成就来之不易。

新时代，光荣传统不能丢，丢了就丢了魂；红色基因不能变，变了就变了质。党员干部要多学党史、新中国史，自觉接受红色传统教育，常学常新，不断感悟，巩固和升华理想信念。

新时代，我们要讲好党的故事、革命的故事、根据地的故事、英雄和烈士的故事，加强革命传统教育、爱国主义教育、青少年思想道德教育，把红色基因传承好，确保红色江山永不变色。

新时代，我们要坚定不移地用习近平新时代中国特色社会主义思想武装全党、教育人民。其中，要特别抓好年轻党员干部和青少年这个重点，赓续党的精神血脉，传承优秀传统和革命意志，凝聚智慧与力量，背上行囊“再出发”。

7

全面深化改革

/ 时 代 内 涵 /

“全面深化改革”，是新时代党的“四个全面”战略布局之一。

2013 年 11 月，党的十八届三中全会审议通过的《中共中央关于全面深化改革若干重大问题的决定》，提出“全面深化改革的总目标是完善和发展中国特色社会主义制度，推进国家治理体系和治理能力现代化”，对经济体制改革、政治体制改革、文化体制改革、社会体制改革、生态文明体制改革和党的建设制度改革进行了全面部署。

将改革进行到底

没有改革，就没有中国的今天；离开改革，更没有中国的明天。

40 多年前，党的十一届三中全会开启了改革开放和社会主义现代化建设的伟大征程。从那时起，党的历届三中全会都研究讨论深化改革的问题，推出一系列事关全局的重大改革决策。因而，“三中全会”也成为重大改革的代名词。

党的十八届三中全会提出全面深化改革，明确全面深化改革的总目标是完善和发展中国特色社会主义制度，推进国家治理体系和治理能力现代化。

方向决定道路，道路决定命运。当前，我国全面深化改革面临深刻而又复杂的国内与国外环境，各种思想观念和利益诉求交织杂糅、机遇与挑战同在。

新时代，全面深化改革要始终坚持把党的基本路线作为党和国家的生命线，始终站稳人民立场，坚持以人民为中心的改革价值取向。近些年来，一系列惠民利民的改革措施得到落实，老百姓的获得感、幸福感得到进一步提升。但是，世界在发展，社会在进步，我们所面临的改革发展稳定的任务和问题依旧繁重，我们的改革进入深水区和攻坚期。

同时，我们也必须深刻认识到：不实行改革开放是死路一条，搞否定社会主义方向的“改革开放”也是死路一条。全面深化改革必须从我国国情出发，有领导有步骤推进改革，既不能走封闭僵化的老路，也不能走改旗易帜的邪路。

新时代，全面深化改革要坚持摸着石头过河和加强顶层设计相结合。一方面高度重视顶层设计，提高改革决策的科学性，增强改革措施的协调性。另一方面继续鼓励大胆实验、大胆突破，推动顶层设计和先行探索的良性互动、有机结合，不断把改革开放引向深入。

新时代，广大党员干部群众要吸取历史教训，在全面深化改革的过程中大力弘扬实事求是、求真务实的精神，既要当改革的促进派，又要当改革的实干家。

8

高水平对外开放

/ 时代内涵 /

对外开放，是我国基本国策。新时代，我们党统筹国内国际两个大局，推进对外开放理论和实践创新，不断提高对外开放水平。

习近平指出中国持续推进更高水平对外开放的五个方面措施：第一，继续扩大市场开放；第二，继续完善开放格局；第三，继续优化营商环境；第四，继续深化多双边合作；第五，继续推进共建“一带一路”。

党的十九届五中全会强调，全面深化改革，实行高水平对外开放。《中共中央关于制定国民经济和社会发展第十四个五年规划和二〇三五年远景目标的建议》提出，坚持实施更大范围、更宽领域、更深层次对外开放，依托我国大市场优势，促进国际合作，实现互利共赢。

中国开放的大门只会越开越大

开放也是改革，开放带来进步。

中华民族拥有5000多年的灿烂文明，在很长一段历史时期内都处于世界前列。然而，近两三百年却因为闭关锁国以致落后。中国近代史便是中华民族的屈辱史。

新中国成立初期，受制于特定历史条件，我国仍然处于相对封闭的环境当中。改革开放以来，我们坚持对外开放基本国策，打开国门搞建设，实现了从封闭半封闭到全方位开放的伟大历史转折。我们先后创办经济特区，开放沿海城市，开辟沿海经济开放区，全面开放沿边内陆地区，加入世贸组织……逐步形成了从沿海到沿江，从沿边到内陆，多层次、多渠道、全方位的开放格局，不断融入世界经济全球化的怀抱。

党的十八大以来，面对世界经济复苏乏力和我国“三期叠加”的新形势，我们党统筹国内国际两个大局，推动形成全面开放格局，对外开放取得新的重大发展成就。

2013年，习总书记提出“一带一路”倡议，备受国际社会关注，沿线国家广泛响应。截至2021年初，共有140个国家和31个国际组织与我国签署了205份合作文件。与此同时，我国先后设立21个自贸试验区，实行高水平的贸易和投资自由化便利化政策。比如，建设海南自由贸易港，打造引领我国新时代对外开放的新门户。

特别值得一提的是，目前，我国累计与26个国家和地区签署19个自贸协定。尤其是2020年11月15日，东盟10国和中国、日本、韩国、澳大利亚、新西兰共15个亚太国家正式签署了《区域全面经济伙伴关系协定》（RCEP）。这一协定涉及全球人口、经济总量和对外贸易约30%，是全球规模最大、发展潜力最大的自贸区。

而且，我国营商环境持续优化。世界银行发表的《2020营商环境报告》显示，中国营商环境排名由第46位上升到第31位，提升了15位。连续多年，我国对世界经济增长贡献率超过 30%，成为世界经济增长的主要动力源和稳定器。

当前，受新冠肺炎疫情、单边主义、地方保护主义等多重因素影响，世界经济低迷，发展乏力。人们不禁产生疑问：中国对外开放的大门是否会关上？开放之路还能走多远？习总书记指出：“人类从闭塞走向开放、从隔绝走向融合是不可阻挡的时代潮流。”“中国开放的大门不会关闭，只会越开越大！”对外开放，依旧是当代中国繁荣发展的必由之路。

新时代，中国推动更高水平对外开放的脚步不会停滞，推动建设开放型世界经济的脚步不会停滞。我们必将以更加开放的姿态拥抱世界，与世界同行。

第六章

中华文脉始终与国脉相连

传承和弘扬中华优秀传统文化。对祖国悠久历史、深厚文化的理解和接受，是爱国主义情感培育和发展的重要条件。要引导人们了解中华民族的悠久历史和灿烂文化，从历史中汲取营养和智慧，自觉延续文化基因，增强民族自尊心、自信心和自豪感。

——《新时代爱国主义教育实施纲要》

1

文化自信

/ 时代内涵 /

文化是一个国家、一个民族的灵魂。

2016年7月，在庆祝中国共产党成立95周年大会上，习近平指出，“文化自信，是更基础、更广泛、更深厚的自信”，强调“坚持不忘初心、继续前进，就要坚持中国特色社会主义道路自信、理论自信、制度自信、文化自信”。

习近平提出“四个自信”，突出强调文化自信“更基础、更广泛、更深厚”的地位，为不断把中国特色社会主义伟大事业推向前进注入了更基本、更深沉、更持久的力量。

“文化自信”事关国运兴衰

文化兴则国运兴，文化强则民族强。

文化是一个国家、一个民族的灵魂，文化自信是实现中华民族伟大复兴的精神力量。

人类文明发展到今天，要说哪种文化能够自信的话，中华文化是最有理由充满自信的文化。之所以具有这样的强大底气，就在于中华文化积淀着几千年的优秀传统，传承着革命时代的红色基因，汲取着建设和改革的精神力量。

今天，我们要进行伟大斗争、建设伟大工程、推进伟大事业、实现伟大梦想，都离不开文化所激发的精神力量。而要继承好、发展好自身文化，首先就要保持对自身文化理想、文化价值的高度信心，保持对自身文化生命力、创造力的高度信心。这就是习近平提出“文化自信”这一时代课题的深意所在。

新时代，习总书记提出了文化自信的概念。他强调坚定文化自信是事关国运兴衰，事关文化安全，事关民族精神独立性的大问题。没有文化自信，不可能写出有骨气、有个性、有神采的作品。

中国特色社会主义道路、中国特色社会主义理论体系和中国特色社会主义制度，精神源头是5000多年文明发展中孕育的中华优秀传统文化，是党和人民伟大斗争中孕育的革命文化和社会主义先进文化，积淀着中华民族最深层的精神追求，代表着中华民族独特的精神标识。习近平强调：“我们要坚定中国特色社会主义道路自信、理论自信、制度自信，说到底是要坚持文化自信。”

《中华人民共和国国民经济和社会发展第十四个五年规划和2035年远景目标纲要》提出，坚持马克思主义在意识形态领域的指导地位，坚定文化自信，坚持以社会主义核心价值观引领文化建设，围绕举旗帜、聚民心、育新人、兴文化、展形象的使命任务，促进满足人民文化需求和增强人民精神力量相统一，推进社会主义文化强国建设。

2

文化强国

/ 时代内涵 /

我们党和国家一贯高度重视文化建设，结合时代变化和实践发展，与时俱进提出文化纲领、文化目标、文化政策，引领文化建设不断取得新成就。

在长期实践探索和理论探索基础上，党的十七届六中全会明确提出“建设社会主义文化强国”的奋斗目标。

党的十八大进一步提出“扎实推进社会主义文化强国建设”。2020 年 10 月，党的十九届五中全会明确提出：到 2035 年建成文化强国。这是党中央首次明确了建成文化强国的具体时间表。

2035 年，我国将建成“文化强国”

一个国家、一个民族的富强，总是以文化繁荣兴盛为支撑的。实现中华民族伟大复兴的中国梦，必须建设一个高度文明的社会主义文化强国。

习总书记高度重视文化建设，强调文运同国运相牵，文脉同国脉相连，就文化改革发展的一系列重大问题作出深刻阐述。2013 年 12 月 30 日，习总书记在主持相关学习研究时强调，要弘扬社会主义先进文化，深化文化体制改革，推动社会主义文化大发展大繁荣，增强全民族文化创造活力，推动文化事业全面繁荣、文化产业快速发展，不断丰富人民精神世界、增强人民精神力量，不断增强文化整体实力和竞争力，朝着建设社会主义文化强国的目标不断前进。

近年来，我国文化体制改革不断前行，取得了丰硕的成果。党的十九届五中全会对文化建设高度重视，从战略和全局上作了规划和设计。公布的《中共中央关于制定国民经济和社会发展第十四个五年规划和二〇三五年远景目标的建议》（以下简称“《建议》”），明确提出到 2035 年建成文化强国。

这是党的十七届六中全会提出建设社会主义文化强国以来，党中央首次明确了建成文化强国的具体时间表。

根据《建议》，到 2035 年，我国将建成文化强国、教育强国、人才强国、体育强国、健康中国，国民素质和社会文明程度达到新高度，国家文化软实力显著增强。

《建议》还专门用一部分对文化建设进行部署，指出要繁荣发展文化事业和文化产业，提高国家文化软实力，并从三个方面入手，部署了未来文化建设的重点任务。

提高社会文明程度。具体任务包括，推动形成适应新时代要求的思想观念、精神面貌、文明风尚、行为规范，推动理想信念教育常态化、制度化，加强网络文明建设等。

提升公共文化服务水平。如强调全面繁荣新闻出版、广播影视、文学艺术、哲学社会科学事业；推进城乡公共文化服务体系一体建设，创新实施文化惠民工程，广泛开展群众性文化活动，推动公共文化数字化建设等。

健全现代文化产业体系。包括实施文化产业数字化战略，规范发展文化产业园区，推动文化和旅游融合发展，创新推进国际传播等。

3

文化认同

/ 时代内涵 /

文化认同，是人们在一个民族共同体中长期共同生活所形成的对本民族最有意义的事物的肯定性体认，其核心是对一个民族的基本价值的认同，是凝聚这个民族共同体的精神纽带，是这个民族共同体生命延续的精神基础。

文化认同关乎“国家安全”

文化认同是民族认同、国家认同的最深层的基础，是一个国家综合国力中最重要的“软实力”。可以说，国民的文化认同是国家安全的文化基础。

新时代，文化认同来自中国特色社会主义伟大实践。对中国特色社会主义伟大实践的感同身受，让中国人在历史观、国家观、民族观、政治观上不断增进文化认同。

党的十八大以来，党和国家高度重视文化认同的价值与作用。习总书记指出：“加强中华民族大团结，长远和根本的是增强文化认同，建设各民族共有精神家园，积极培养中华民族共同体意识。”

今天，我国成功地走出了一条中国特色社会主义道路，这条道路的探索过程就是中国特色社会主义文化认同的过程。正是全国人民在国家观、民族观、历史观、文化观上不断增进认同，才能万众一心、众志成城、坚持真理、开拓创新，中华民族儿女才能团结一致、专心致志、互助友爱、并肩奋斗。

习总书记指出，“文化自信，是更基础、更广泛、更深厚的自信”。这里讲的文化自信包含了对中华文化的科学定位及信心，包含了对中国文明大国形象的塑造及信心，包含了对中国梦实现的信念及信心。一个国家、一个民族，如果没有文化认同，共有精神家园就失去了文化根基和文化底蕴，更难形成文化优势。

没有对中华文化普遍而广泛的认同，我们的文化自信就失去了根基和内核，就将成为妄自尊大的空中楼阁。因此，只有建立在对中华文化普遍而广泛认同基础上的文化自信，才是更基础、更广泛、更坚定的自信。

4

文化软实力

/ 时代内涵 /

文化软实力是文化和意识形态吸引力体现出来的力量，是世界各国制定文化战略和国家战略的一个重要参照系。

表面上，文化确乎很“软”，但却是一种不可忽略的伟力。任何一个国家在提升本国政治、经济、军事等硬实力的同时，提升本国文化软实力也是更为特殊和重要的。

文化软实力是综合国力的重要组成部分

一个国家、一个民族不能没有灵魂！

党的十七大报告中提出，“文化软实力是综合国力的重要组成部分”。软实力概念进入了中央文件，但前面加上了“文化”二字，就颇具中国特色。

新时代，“提高国家文化软实力”，这不仅是我国文化建设的一个战略重点，也是我国建设和谐世界战略思想的重要组成部分，更是实现中华民族伟大复兴的重要前提。

近年来，我国的文化建设呈现出繁荣发展的景象。文艺创作从高原向高峰迈进，文化事业、文化产业蓬勃发展，文化基础设施不断完善，群众文化生活日益丰富多彩，文化软实力和中华文化的影响力大幅提升。

目前，中国电视剧和图书年产量稳居世界第一位，电影年产量高居世界第二位。

2020 年 2 月 25 日，英国著名金融品牌公司 (Brand Finance Plc) 发布了其对世界最强 60 个国家软实力的最新研究报告——《全球软实力排名 2020》，美国、德国、英国、日本和中国位列前 5 位。

马德里 IE 商学院教授、全球思想领袖彼得 · 菲斯克说，尽管目前中国在软实力的综合排名中仅居第 5 位，但上升很快，且目前的影响力指标仅次于美国。他认为，在未来 10 年中，中国的软实力全球排名有极大可能跃居第二位或第一位。

新时代，提升国家文化软实力，必须建设中华民族精神家园。新时代提升国家文化软实力，必须推动中国文化走出去。

从 2013 年党中央提出“文化走出去”战略以来，我国努力构建全方位、多层次、宽领域的对外文化工作新格局。2004 年开始，我国开始创办孔子学院，开展对外文化交流。不仅是中华传统文化，而且中国梦、中国智慧、中国方案，在国际话语体系中的作用也越来越重要，越来越突出。

5

中华传统文化

/ 时 代 内 涵 /

中华传统文化，是中华文明成果根本的创造力，也是中华民族历史上道德传承、各种文化思想、精神观念形态的总体。

党的十八大以来，党和国家进一步高度重视传承和弘扬中华优秀传统文化。习总书记指出："优秀传统文化是一个国家、一个民族传承和发展的根本，如果丢掉了，就割断了精神命脉。"

2017年初，中共中央办公厅、国务院办公厅印发《关于实施中华优秀传统文化传承发展工程的意见》，传统文化传承发展掀起热潮。

党的十九届五中全会《中共中央关于制定国民经济和社会发展第十四个五年规划和二〇三五年远景目标的建议》提出："传承弘扬中华优秀传统文化。"传承弘扬中华优秀传统文化，是推进社会主义文化强国建设、提高国家文化软实力的重要内容。传承弘扬中华优秀传统文化，必须坚持创造性转化、创新性发展。

厚植民族“根与魂”

泱泱中华，历史悠久、文明博大。

在历史的长河中，中国人民创造了源远流长、博大精深的优秀传统文化，为中华民族生生不息、发展壮大提供了强大的精神支撑。

新时代，中华优秀传统文化是中华民族的根与魂，是中国特色社会主义植根的文化沃土。中华传统优秀文化，是我们最深厚的文化软实力，是我国独特优势所在。

可以说，我们党从成立之日起，就是中国先进文化的积极引领者和践行者。新时代，习总书记高度重视中华优秀传统文化，并将其作为治国理政的重要思想文化资源。他强调，中华优秀传统文化是中华民族的突出优势，是我们在世界文化激荡中站稳脚跟的根基。实现中华民族伟大复兴，必须结合新时代的条件去传承和弘扬中华优秀传统文化。

新时代，传承和弘扬中华优秀传统文化要重点做好创造性转化和创新性发展，使之与时代相融相通，赋予其新时代的内涵和现代的表达方式。同时，也要讲清楚中华优秀传统文化的历史渊源、发展脉络、基本走向，讲清楚其独特的创造价值理念、鲜明特色，增强文化自信和价值观自信。

当然，在新时代传承和弘扬中华优秀传统文化，并不意味着故步自封，闭上眼睛不看世界。要知道：文明因多样而交流，因交流而互鉴，因互鉴而发展。新时代，我们更要对各国人民创造的优秀文明成果，采取学习借鉴的态度，积极吸纳其中有益的成分。要坚持从国情和实际出发，坚持取长补短，择善而从，在不断汲取各种文明养分中丰富和发展中华文化。

传承和弘扬中华优秀传统文化要薪火相传，久久为功，需要每一个民族成员担负自己的责任，履行自己的义务。2021 年 2 月 5 日，教育部印发《中华优秀传统文化进中小学课程教材指南》和《革命传统进中小学课程教材指南》，对中华优秀传统文化和革命传统进中小学课程教材的基本原则、总体目标、主要内容、载体形式、学段和学科要求等，做了统筹设计和科学安排，强调素养导向、系统规划和全科覆盖。

6

家风

/ 时代内涵 /

“家风”又称门风，指的是家庭或家族世代相传的风尚、生活作风，即一个家庭当中的风气。家风是给世代家族成员树立的价值准则。

党的十八大以来，习总书记对家庭、家教和家风建设有许多重要论述。他指出，千家万户都好，国家才能好，民族才能好。

习总书记尤其强调，领导干部的家风，不仅关系自己的家庭，而且关系党风政风。他要求，把家风建设作为领导干部作风建设的重要内容。

天下之本在于“家”

中华民族历来注重家庭、家教、家风。

郑板桥就以竹入联：“咬定几句有用书，可忘饮食；养成数竿新生竹，直似儿孙。”教育儿孙做人要像竹子一样虚心有节、刚直不阿。

优良家教、家风的传承已成为文明接续不可或缺的重要环节。

新时代，习总书记强调：“不论时代发生多大变化，不论生活格局发生多大变化，我们都要重视家庭建设，注重家庭、注重家教、注重家风。”习总书记尤其强调领导干部的家风建设。2015 年 2 月 28 日，习近平在主持中央深改领导小组第十次会议时强调，领导干部的家风，不是个人小事、家庭私事，而是领导干部作风的重要表现。

诚然，领导干部的良好家风能够带动社会风气，汇聚清正廉洁的正能量。而不良家风则不仅使自己家破人败，更严重带坏官场风气，败坏社会风气。从近年来查处的一些腐败案件看，无论是刘铁男的“老子办事、儿子收钱”，还是苏荣的“家是权钱交易所”，诸类丑剧均是以亲情把家人串联成利益共同体，上演父子上阵、夫妻串通、兄弟勾结的戏码。

反思惨痛案例：其不仅使个人触犯法律，而且影响了领导干部群体形象和威信，更严重地损害党的声誉。

《人民日报》曾发表评论称，作为先锋队，党员干部在家风的道德标准上应该高于普通群众，领导干部应该高于普通党员干部。对于领导干部而言，家风与党风、政风是有紧密联系的，因为在群众看来，领导干部的家庭与干部个人是作为一个整体的，家风的好坏反映领导干部个人作风的好坏。

对领导干部来说，在干好本职工作的同时，应注意抓好家风，对自己的配偶子女，经常进行政治思想与理想信念教育。齐家治国必先修身，每一个领导干部家风正，每一个共产党员家风正，党风必正、政风必正、社会风气必正。

7

社会主义意识形态

/ 时代内涵 /

意识形态是系统地反映社会经济形态、政治制度和文化模式的思想体系。

党的意识形态工作，即党的思想政治工作，是一种有目的的思想工作，主要通过引导思想观念、凝聚政治认同、推动文化传承等，以建构具有思想吸引力和政治凝聚力的、系统的社会主义意识形态。

习总书记明确指出：新时代，意识形态工作事关党的前途命运，事关国家长治久安，事关民族凝聚力和向心力。

人民有信仰　国家有力量

意识形态决定文化前进方向和发展道路。

历史和现实一再证明，一个政权的瓦解往往是从思想领域开始。思想防线被攻破了，其他防线就很难守住。不言而喻：在意识形态斗争上，我们没有任何妥协退让的余地，必须取得全胜。

习总书记指出，意识形态工作是党的一项极端重要的工作，是为国家立心、为民族立魂的工作。做好意识形态工作，事关党的前途命运，事关国家长治久安，事关民族凝聚力和向心力。

马克思主义是中国社会主义事业的“北斗”。坚持马克思主义在意识形态领域指导地位这一根本制度，必须坚定不移，任何时候任何情况下都不能有丝毫动摇。

党的十八大以来，以习近平同志为核心的党中央高度重视意识形态工作，就很多方向性、战略性问题作出了全面部署。2015 年 10 月，党中央专门印发了《党委（党组）意识形态工作责任制实施办法》。该办法指出，要强化党管宣传，党管意识形态，牢牢掌握意识形态工作的领导权、主动权。要进一步明确各级领导干部的意识形态工作责任制，坚决守好“责任田”。要不断改进和加强宣传思想工作，着力加强宣传思想阵地建设和管理，进一步加强思想政治教育队伍建设。要高度重视网络安全，进一步提升网络舆论引导水平，严密防范网上意识形态渗透，牢牢把握网络意识形态主动权。

经过不懈努力，党和国家从根本上扭转了意识形态领域一度出现的被动局面，使我国意识形态领域形势发生了全局性、根本性的改变，巩固和发展了主流意识形态。

同时，我们也应该看到：意识形态领域的斗争仍在继续，意识形态领域仍不平静。新时代，各级党委必须把做好意识形态工作作为重大政治任务，切实担当起政治责任。广大党员干部和人民群众也要坚守理想信念，守好自身的“防火墙”，做敢于斗争的“真猛士”。

新时代，全面加强意识形态工作，就是推动全党全社会全面贯彻落实习近平新时代中国特色社会主义思想。坚持用党的创新理论武装全党、教育人民，不断筑牢全党全国人民团结奋斗的共同思想基础。

8

思政课

/ 时代内涵 /

思想政治理论课（即思政课），是落实立德树人根本任务的关键课程。

党的十八大以来，党中央先后召开全国高校思想政治工作会议、全国教育大会，就思政课建设提出意见要求。

新时代，办好思政课最根本的是要全面贯彻党的教育方针，解决好培养什么人、怎样培养人、为谁培养人这个根本问题。

讲好“思政课”任重道远

青少年是祖国的未来、民族的希望。

习总书记明确指出：“我们办中国特色社会主义教育，就是要理直气壮开好思政课，用新时代中国特色社会主义思想铸魂育人，引导学生增强中国特色社会主义道路自信、理论自信、制度自信、文化自信，厚植爱国主义情怀，把爱国情、强国志、报国行自觉融入坚持和发展中国特色社会主义事业、建设社会主义现代化强国、实现中华民族伟大复兴的奋斗之中。思政课作用不可替代，思政课教师队伍责任重大。”

“‘大思政课’我们要善用之，一定要跟现实结合起来。”2021 年 3 月 6 日下午，习总书记在看望参加全国政协十三届四次会议的医药卫生界、教育界委员并参加联组会时，再次谈到思政课这个重大问题，强调：“思政课不仅应该在课堂上讲，也应该在社会生活中来讲。”

过去的一年，是新中国历史上极不平凡的一年。我国率先控制住疫情，率先复工复产，率先在全球主要经济体中实现经济正增长，交出了一份令世界瞩目、让人民满意的优秀答卷。这份答卷正是“大思政课”最鲜活、最生动的教材。抗疫的伟大实践再次证明，在重大历史关头、重大考验面前，领导力是最关键的条件，党中央的判断力、决策力、行动力具有决定性作用。

讲好思政课，就要教育引导人们特别是青少年深刻认识到，党和国家之所以取得历史性成就、发生历史性变革，脱贫攻坚战之所以取得全面胜利，全面建成小康社会之所以取得伟大历史性成就，“十三五”之所以圆满收官，“十四五”之所以全面擘画，最根本的是有以习近平同志为核心的党中央的坚强领导、习近平新时代中国特色社会主义思想的科学指引。

一代人有一代人的长征，一代人有一代人的担当。

2021 年是中国共产党成立 100 周年，全党正在深入开展党史学习教育。讲好思政课，要结合百年来我们党牢记性质宗旨、践行初心使命的伟大实践，教育引导人们特别是青少年弄清楚中国共产党为什么“能”、马克思主义为什么“行”、中国特色社会主义为什么“好”等基本道理，坚定不移听党话、跟党走，为实现第二个百年奋斗目标不懈奋斗。

9

党媒姓党

/ 时代内涵 /

2016 年 2 月 19 日，习总书记在党的新闻舆论工作座谈会上提出：“党和政府主办的媒体是党和政府的宣传阵地，必须姓党。”

“党媒姓党”这一论述深刻回答了新时代下党的新闻舆论事业发展的一系列重大问题，丰富和发展了党的新闻舆论工作理论，是指导做好新形势下党的新闻舆论工作的指南。

让党的主张成为时代最强音

我们的媒体是党和人民的媒体，是党和人民的喉舌，不是私人媒体。这与西方国家的媒体有着本质上的区别。

做好党的新闻舆论工作，要始终把政治方向摆在第一位，坚持党性原则，坚持党管宣传、党管意识形态、党管媒体，坚持政治家办报、办刊、办台、办新闻网站，让党的主张成为时代最强音。

党和政府主办的媒体是党和政府的宣传阵地，必须姓党，必须抓在党的手里，必须维护党中央权威、维护党的团结。党管媒体，不是说只管党直接掌握的媒体，而是把各级各类媒体都置于党的领导之下。也就是说，党管媒体原则也涉及新媒体领域。简言之，所有从事新闻信息服务，具有媒体属性和舆论动员功能的传播平台都要纳入管理范围。

坚持党媒姓党，必须坚持马克思主义新闻观，自觉抵制西方新闻观的错误影响。一段时间内，一些人宣扬西方新闻观、鼓吹片面的“新闻自由”，甚至依此为旗号，公然攻击党的领导体制和社会主义制度。我们需要清醒认识的是，长期以来，诸多西方媒体总是戴着有色眼镜、故意抹黑、丑化、妖魔化中国形象；资方媒体在垄断财团和资本的支配下，所谓的“公正客观”“社会公器”，不过是“美丽谎言”。

新时代，坚持党性原则、坚持党管媒体，必须牢牢掌握新闻舆论主导权、占领意识形态主阵地。好的舆论是社会发展的“助推器”、民意的“晴雨表”、社会的“黏合剂”、道德的“风向标”。任何时候，新闻舆论的主导权、管理权、话语权都不能旁落。无论时代如何发展、媒体格局如何变化，党管媒体的原则和制度不能改变。

新形势下，我们加强和改进党的新闻舆论媒体工作，矢志不渝坚持“党媒姓党”，应该做到：坚持正确的政治方向，这是所有的党媒必须坚守的原则；加强对党媒的领导，任何时候都只能加强，不能削弱；加强改革创新，创新工作思路和方法，做到与时俱进；注重人才培养，造就一批政治坚定、思路开阔、业务精湛、具有国际视野的优秀媒体人才。

10

网络群众路线

/ 时代内涵 /

网络群众路线，是2016年4月19日习总书记在网络安全和信息化工作座谈会上提出的。

习总书记要求各级党政机关和领导干部要学会通过走网络群众路线，经常上网看看，了解群众所思所愿，收集好想法、好建议，积极回应网民关切、解疑释惑。

用好互联网这把“双刃剑”

没有网络安全就没有国家安全。

互联网是社会舆论的放大器，是意识形态交锋的最前沿。

同时，互联网是把双刃剑，用好了造福国家和民众，用不好祸国殃民。截至2020年底，我国网民数量已达9.89亿人，互联网普及率达70.4%。随着移动互联网、新兴媒体的快速发展，越来越大的互联网舆论场逐步形成。

互联网已经成为影响党群关系和执政基础的“最大变量”，成为舆论斗争的最前沿。争夺网络阵地的实质，就是整顿舆论传播的主动权，争夺意识形态的制高点，最终是争夺群众、争夺民心。

也正因如此，习总书记反复强调：“过不了互联网这一关，就过不了长期执政这一关。”

新时代，掌握互联网战场主动权，必须巩固和壮大主流思想舆论，做强网上正面宣传，加强互联网内容建设，深入开展网上舆论斗争，掌握网络意识形态工作主导权；强化网络空间治理，营造风清气正的网络空间，净化网络生态，推进网络文明建设。

新时代，掌握互联网战场主动权，必须推动媒体融合向纵深发展。坚持一体化发展方向，统筹好传统媒体和新兴媒体之间的关系，加快推进融为一体、合而为一的全媒体传播格局，进而打造一批具有强大影响力、竞争力、传播力的主流媒体，占据舆论引导、思想引领、文化传承、服务群众的制高点。

同时，还要持续推进网络强国建设，尤其是强化科技创新力度，实现在核心关键互联网技术层面的新突破、新成就，为确保党和国家长治久安、实现中华民族的伟大复兴提供互联网支撑。

第七章

“团结统一”坚定而笃行

强化祖国统一和民族团结进步教育。实现祖国统一、维护民族团结，是中华民族的不懈追求。

要加强祖国统一教育，深刻揭示维护国家主权和领土完整、实现祖国完全统一是大势所趋、大义所在、民心所向，增进广大同胞心灵契合、互信认同，与分裂祖国的言行开展坚决斗争，引导全体中华儿女为实现民族伟大复兴、推进祖国和平统一而共同奋斗。

——《新时代爱国主义教育实施纲要》

1

“一国两制”

/ 时代内涵 /

“一国两制”，即一个国家，两种制度，是中国政府为实现国家和平统一而提出的基本国策。“一国两制”是指在一个中国的前提下，国家的主体坚持社会主义制度，香港、澳门、台湾实行资本主义制度。这是一项前无古人的伟大创举。

“一国两制”进入了新时代

“一国两制”构想最早是针对解决台湾问题提出来的，在香港、澳门回归祖国进程中率先得以实践。20余年来，香港、澳门回归以来的实践充分证明，“一国两制”是实现国家统一的最佳选择，是完全行得通、办得到、得民心的，具有强大生命力。

可以说：香港、澳门融入国家发展大局，是“一国两制”的应有之义，是改革开放的时代要求，也是香港、澳门探索发展新路向、开拓发展新空间、增添发展新动力的客观要求。实践证明：回归以来，是香港和澳门发展最为迅速的一段时期。

据统计，1997 年至 2017 年，香港本地生产总值从 1.37 万亿港元增长到 2.66 万亿港元，港股市值由 3.2 万亿港元增长到 27.9 万亿港元，港交所上市公司由 619 家增长到 2020 家。主要经济指标同期增长速度在发达经济体中位居前列，国际金融、航运、贸易中心地位进一步巩固。

据统计，1999 年至 2017 年，澳门本地生产总值从 518.72 亿澳门元增长到 4042 亿澳门元，入境游客由不足 800 万人次增加到 3260 多万人次，旅游、会展、餐饮、酒店及零售业欣欣向荣，实现跨越式发展。

如今，中国特色社会主义进入了新时代，“一国两制”事业也进入了新时代。

新时代，对香港、澳门来说，“一国两制”是最大的优势，国家改革开放是最大的舞台，共建“一带一路”、粤港澳大湾区建设等国家战略实施是新的重大机遇。

截至目前，《粤港澳大湾区发展规划纲要》公布已满两周年。两年来，粤港澳大湾区建设不断推进，一系列相关支持政策举措接连出台，香港、澳门和内地 9 个大湾区城市加速融合发展。

在一个国家、两种制度、三个法域和关税区、流通三种货币的条件下，实现跨境协同创新，推进区域深度合作，是“一国两制”伟大创举的具体实践。两年来，大湾区内基础设施互联互通建设闯劲十足。至 2020 年底，粤港澳大湾区内地高速公路通车里程达 4500 公里，以广州为中心 2 个小时通达珠三角各市和港澳的高速公路网络基本形成。

未来，“一国两制”是港澳发展行稳致远的“方向盘”，是解决台湾问题的根本遵循。不论遇到什么困难和挑战，坚持“一国”之本，善用“两制”之利，是推动国家统一、长远发展的根本保证。

2

必须统一、必然统一

/ 时 代 内 涵 /

“祖国必须统一，也必然统一”出自习总书记在《告台湾同胞书》发表40周年纪念会上的重要讲话。

40多年前，《告台湾同胞书》郑重宣示了中国大陆推进两岸和平统一的大政方针，全面揭开了海峡两岸和平发展的历史篇章。40多年后，习总书记站在全新历史起点，对台湾问题发出定锤之音：“祖国必须统一，也必然统一。这是70载两岸关系发展历程的历史定论，也是新时代中华民族伟大复兴的必然要求。”

“必须”和“必然”互为因果、互为条件、互为保障，寥寥数字，却字字千钧，为新时代对台工作提供了纲领指引、根本遵循和行动指南。

两岸统一是历史大势

海水悠悠，情思绵绵，台湾和大陆已经分隔70余载，但冲破对峙隔阂、推动交流合作的努力从未停止。从发表《告台湾同胞书》到形成坚持“一国两制”和推进祖国统一基本方略，从达成“九二共识”到实现两岸领导人历史性会晤，从打破两岸隔绝状态到实现全面直接双向“三通”，从把台湾当局逐出联合国到坚决挫败各种“台独”图谋……两岸关系不断取得历史性突破。

“和平统一、一国两制”，是解决台湾问题的基本方针，是实现国家统一的最佳方案。站在新的历史起点上审视两岸关系，如立高山之巅望大江东去，历史潮流浩浩荡荡，祖国统一势不可当。

和平统一系于民族复兴。两岸迄今尚未完全统一是历史留给中华民族的创伤，“台湾问题因民族弱乱而产生，必将随着民族复兴而终结”。随着中华民族伟大复兴脚步的不断前进，必将创造更加充分的经济、政治、文化等各方面条件，累积起实现祖国统一的磅礴力量。民族复兴路上，台湾同胞定然不会缺席，与大陆同胞共担民族大义，勠力同心共圆中华民族伟大复兴的中国梦。

和平统一成于融合发展。在历史前进的洪流中，大陆和台湾命运与共、利益相连，必须和衷共济、风雨同舟。展望未来，实现统一大业，最为关键的是两岸同胞心灵相通、协商沟通、发展联通。特别是要按照习总书记“应通尽通”的要求，促进“四通”“三化”，率先实现金门、马祖同福建沿海地区通水、通电、通气、通桥，推动同台湾同胞分享大陆发展机遇，为台湾同胞、台湾企业提供同等待遇，增进台湾同胞的民生福祉。

和平统一立于遏制逆流。习总书记用“两个无法改变”“两个无法阻挡”向世人坚定表明：台湾回归祖国，犹如江河汇入大海，是不可抗拒的历史潮流。“台独”是历史逆流，在统一历史大势面前，无异于螳臂当车、蚍蜉撼树，最终都会被历史的车轮碾压得粉碎。中国人不打中国人，我们愿意以最大的诚意、尽最大努力争取和平统一的前景，但不承诺放弃使用武力，保留采取一切必要措施的选项，针对的是外部势力干涉和极少数“台独”分裂分子及分裂活动，绝非针对台湾同胞。

“以和平方式实现祖国统一，最符合包括台湾同胞在内的中华民族整体利益。”2021 年 10 月 9 日，习总书记在纪念辛亥革命 110 周年大会上的讲话中指出，我们坚持“和平统一、一国两制”的基本方针，坚持一个中国原则和“九二共识”，推动两岸关系和平发展。两岸同胞都要站在历史正确的一边，共同创造祖国完全统一、民族伟大复兴的光荣伟业。

同时，习总书记强调，中华民族具有反对分裂、维护统一的光荣传统。“台独”分裂是祖国统一的最大障碍，是民族复兴的严重隐患。凡是数典忘祖、背叛祖国、分裂国家的人，从来没有好下场，必将遭到人民的唾弃和历史的审判！台湾问题纯属中国内政，不容任何外来干涉。任何人都不要低估中国人民捍卫国家主权和领土完整的坚强决心、坚定意志、强大能力！祖国完全统一的历史任务一定要实现，也一定能够实现！

历史不能选择，现在可以把握，未来可以开创。面向未来，我们有理由相信，互信总能解开心结，交融总能化解隔阂，和平总能战胜争斗，两岸必将共同迎来祖国统一大业的光明前景，迎来中华民族伟大复兴的美好未来。

3

“九二共识”

/ 时代内涵 /

1992年，海协会与台湾海基会就在两岸事务性商谈中表述坚持一个中国原则事宜进行协商。经过1922年10月香港会谈及其后一系列函电往来，达成了各自以口头方式表述“海峡两岸均坚持一个中国原则”的共识，后来被概括为“九二共识”。

其核心涵义是大陆和台湾同属一个中国，两岸不是国与国关系，从而明确界定了两岸关系的根本性质。

历史的车轮必然“统一向前”

实现祖国完全统一，是不可抗拒的时代潮流。在祖国统一之前，两岸关系可以有多种模式，对中华民族和两岸同胞最有利的是和平发展，融合发展。祖国统一也可以有和平与非和平两种方式。对中华民族和两岸同胞最有利的是和平统一。

20世纪80年代两岸关系缓和以来，在一个中国原则和“九二共识”基础上，两岸人员往来和经济文化交流得到迅速发展，两岸之间建立起一系列交流、交往、合作机制。2015年11月7日，两岸领导人在新加坡举行了历史性的“习马会”。两岸关系和平发展极大增进了两岸同胞福祉，体现了历史前进的正确方向。

但是，自2016年5月民进党当政以来，逆历史潮流而动，拒不承认体现一个中国原则的“九二共识”，蓄意为两岸关系和平发展制造种种障碍。在内部极力遏制打压推动两岸关系和平发展的力量，对外配合国际反华势力甘当美国围堵祖国大陆的工具和棋子。

毋庸讳言，当前，两岸关系和平发展面临严峻挑战，祖国和平统一前景受到严重威胁。

“十四五”时期，在对台工作上，我们将坚持推进两岸关系和平发展和祖国统一的主基调和大方向，坚持一个中国原则和“九二共识”，以中华民族根本利益和两岸同胞福祉为依归。推动两岸关系和平发展、融合发展，加强两岸经济交流合作，共同弘扬中华文化，共同推动民族复兴。

同时，必须明确：祖国统一历史大势，是不允许任何人任何势力以任何方式予以阻挡的。我们要尽最大努力争取和平统一的前景，但不承诺放弃使用武力，坚决反对和遏制任何台独“分裂”行径。螳臂当车、飞蛾扑火，必然是自取灭亡、遗臭万年，丝毫妨碍不了历史车轮滚滚向前。

4

“爱国者治港”

/ 时代内涵 /

“爱国者治港”，是指回归后的香港要由爱国者治理，特别行政区的政权要掌握在爱国者手中。这是“一国两制”方针的应有之义。

落实“爱国者治港”，最关键、最急迫的是完善相关制度，特别是抓紧完善有关选举制度，确保香港管治权牢牢掌握在爱国爱港者手中。

落实“爱国者治港”必须维护香港的法治，要尊重宪法和基本法在香港法治体系中的至上地位和最高权威，维护“一国两制”宪制秩序。

爱国是“底线要求”

毋庸置疑，唯有全面落实“爱国者治港”，香港才能再起飞、续写新传奇。

毋庸讳言，近年来，香港社会有些人鼓吹香港有所谓“固有权力”“自主权力”等，否认或抗拒中央对香港的全面管制权，香港特别行政区国家安全风险日渐凸显。尤其是在2019年出现的“修例风波”中，“港独”、暴力恐怖等违法活动大量出现，一些国外和境外势力也公然肆意插手香港事务，给我国国家主权、安全问题带来严重危害，必须坚决依法打击。

必须明确：香港澳门回归祖国后，处理这两个特别行政区的事务完全是中国内政，用不着任何外部势力指手画脚。

2020年5月28日，十三届全国人大三次会议以高票表决通过《全国人民代表大会关于建立健全香港特别行政区维护国家安全的法律制度和执行机制的决定》。2020年6月30日，十三届全国人大常委会第二十次会议，通过了香港国安法。这为香港特区行政、立法、司法机关依法防范、制止和惩治危害国家安全的行为和活动提供了有力制度保障，筑牢了在香港特别行政区防控国家安全风险的制度屏障，成为维护香港安全稳定的“定海神针”。

这是“一国两制”实践中具有重大意义和深远影响的大事，充分体现中央维护国家安全的坚强意志和坚定决心，充分体现中央对香港整体利益和香港同胞根本福祉的坚决维护和最大关切。

香港国安法实施后，社会由乱转治，反中乱港势力正受到法律的惩处。十三届全国人大四次会议高票表决通过《全国人民代表大会关于完善香港特别行政区选举制度的决定》。这些都为进一步落实“爱国者治港”踏出坚实的一步。

新时代，落实中央精神、贯彻法治理念，重申并落实“爱国者治港”原则，正是捍卫“一国两制”的应有之义。“爱国者治港”，这是底线要求，也是放之四海而皆准的政治伦理。

必须深刻认识到：只有做到“爱国者治港”，中央对特别行政区的全面管治权才能得到有效落实，宪法和基本法确立的宪制秩序才能得到有效维护，各种深层次问题才能得到有效解决，香港才能实现长治久安，并为实现中华民族伟大复兴作出应有的贡献。

爱国和不爱国之间，没有中立！

香港是中国的香港，这一点任何时候都不会变！

5

爱国爱澳

/ 时代内涵 /

“爱国爱澳”是澳门同胞的光荣传统，也是澳门回归以来发展变化的社会原因。回归祖国后，澳门人将爱国爱澳的精神概括为“中国心、澳门情”。

2019 年 12 月 19 日，习近平专程来到澳门濠江中学观摩了一堂中国历史公开课。在当天欢迎晚宴上谈到澳门“一国两制”实践呈现的亮点时，他首先指出，爱国爱澳成为全社会的核心价值。

让“爱国爱澳”薪火相传

拳拳赤子心，殷殷爱国情。

1949 年 10 月 1 日，时任濠江中学校长杜岚不顾澳葡政府反对，在校舍里升起了鲜艳的五星红旗。

400 多年的殖民统治，没有阻断澳门与祖国的血肉深情。尽管这座城市以中西合璧著称，但华夏文化代代相传，与内地的联系从未中断。村民沈志亮伏击澳督亚马留、澳门热血青年奔赴抗日前线的故事在这里流传。澳门大街小巷中留存下来的林则徐纪念馆、郑家大屋、叶挺故居，正是一代代爱国人士驱逐外寇、救亡图存的见证。爱国故事的口口相传，民族血脉的亲子相继，民间社团的不懈努力，为澳门打下了重重的爱国底色。

回归祖国 20 余年，与内地同发展共繁荣，澳门迎来了历史上发展最快最好的时期。不断刷新的幸福指数成为具有澳门特色“一国两制”成功实践的生动注脚，更让“爱国爱澳”的社会基础越发稳固。

中国政府和中国人民维护国家主权、安全、发展利益的意志坚如磐石，我们绝不允许任何外部势力干预香港、澳门事务！

任何时期，爱国爱澳这一长期形成的精神坐标，同样需要法律树立底线，需要教育持续引导。2006 年，澳门特区政府修订了《非高等教育制度纲要法》，将“爱国爱澳”、培养对国家和澳门的责任感确定为教育总目标。回归祖国 20 余年来，是澳门历史上经济发展最快、民生改善最大的时期，也是澳门同胞共享伟大祖国尊严和荣耀感最强的时期。

2018 年 8 月 13 日，澳门立法会通过《国旗、国徽及国歌的使用及保护》修订案，澳门大中小学将实现升挂国旗全覆盖。从顺利完成基本法第二十三条规定的立法任务，制定《维护国家安全法》，到根据全国人大常委会对香港基本法第一百零四条释法，主动在立法会选举法修改法案中增加“防独”条款，从编写专门教材、推进中国历史教育，到组织团体到内地访学交流、深入了解国情，澳门特区将爱国爱澳教育制度化、法制化。一堂堂课、一次次升旗、一趟趟互访，让国家意识和爱国精神的种子在澳门市民心中生根发芽、茁壮成长。

2019 年，澳门相继收到了习近平主席写的两封信。在给澳门濠江中学附属英才学校的小朋友和澳门街坊总会颐骏中心长者义工组 30 位老人的回信中，习近平主席都提到了传承爱国爱澳的精神及传统。一老一少，象征着薪火相传。

始终坚守爱国爱澳的价值追求，“一国两制”的生命力将不断延续，澳门的未来将更加可期。

6

中华民族共同体

/ 时 代 内 涵 /

“中华民族共同体”是指以中国为主要区域，形成的具有中华民族历史文化联系、稳定经济活动特征和心理素质的民族综合体。主要包括政治、经济、文化、生活方式等方面。

中华民族共同体意识是国家统一之基、民族团结之本、精神力量之魂。

中华民族同呼吸、共命运

中国是统一的多民族国家。经过民族调查和识别，1990 年第 4 次全国人口普查正式将中国大陆的民族确定为 56 个。各民族之间的人口数量差别很大，汉族人口最多，其他 55 个民族，人口相对较少，习惯上被称为少数民族。尽管少数民族人口在全国总人口中的比重不到 10%，但分布却十分广泛，少数民族自治地方面积占全国的 60%以上。

中国疆域的形成，并非一朝一夕完成的，这有赖于生活于其中的每个人、每个民族。各民族之间的文化不断交流，相互取长补短，推动文明的共同进步，中华文化也逐渐形成。中华文化之所以具有顽强的生命力，关键原因在于其兼收并蓄和包容开放，它是各民族文化的集大成者。

从反抗外来侵略到社会主义改造，从改革开放到奋进新时代，我国发展的任何一个阶段，都离不开每一个民族贡献的力量，离不开千千万万中华儿女的添砖加瓦。由此，中华民族共同体意识孕育而生，成为国家统一之基、民族团结之本、精神力量之魂。

党的十八大以来，以习近平同志为核心的党中央高度重视民族工作，着眼培育中华民族共同体意识，创新推进民族团结进步创建。党的十九大提出“铸牢中华民族共同体意识”并写入党章。

党的十九届四中全会把“坚持各民族一律平等，铸牢中华民族共同体意识，实现共同团结奋斗、共同繁荣发展”作为我国国家制度和国家治理体系的显著优势之一。在全面建成小康社会进程中，习总书记多次深入民族地区调研，问冷暖、听心声，以精准扶贫实际举措，确保少数民族地区告别绝对贫困，同全国一道进入全面小康社会。

新时代，建成富强民主文明和谐美丽的社会主义现代化强国，中华民族以更好的姿态屹立于世界民族之林，中华文化对世界的影响力更大，均需依靠各民族的勠力同心、团结一致。

新时代，更要不断推动各民族间的交往、交流、交融，铸牢中华民族共同体意识，推动中华民族这个有机统一体，走向包容性更强、凝聚力更大的命运共同体。

7

民族团结

/ 时代内涵 /

民族团结，是各民族之间的团结和各民族内部的团结。民族团结，是各民族共同繁荣的前提，是祖国统一的基础。

维护民族团结，既要反对大民族主义，也要反对地方民族主义；既要认真落实民族政策，认真解决现实中存在的问题，又要坚决反对破坏民族团结、制造民族分裂，依法严厉打击和制裁分裂祖国的活动。

中华民族一家亲　同心共筑中国梦

在2014年9月的中央民族工作会议上，习总书记强调，“做好民族工作，最关键的是搞好民族团结，最管用的是争取人心”。

“十三五”期间，共有960个全国民族团结进步示范区示范单位获命名，其中示范州（地、市、盟）42个。以民族团结进步创建工作为重要抓手，我国民族团结进步事业取得长足发展。

“十三五”期间，我国民族团结进步事业不断发展：中共中央办公厅、国务院办公厅印发《关于全面深入持久开展民族团结进步创建工作铸牢中华民族共同体意识的意见》；全国民族团结进步表彰大会召开，表彰了为民族团结进步事业作出重大贡献的665个模范集体和812名模范个人；2017年和2020年，先后召开两次全国民族团结进步创建经验交流现场会，系统部署民族团结进步创建工作。

“十三五”期间，民族团结进步创建工作注重示范引领。示范区示范单位发挥基层组织和各族群众的主动性、创造性，宣传贯彻党的民族政策，铸牢中华民族共同体意识，促进各民族交往、交流、交融。

“十三五”期间，我国深入推进民族地区脱贫攻坚。2019年底，我国民族地区贫困人口已下降到119万人，贫困发生率降至0.79%，千百年来困扰民族地区的绝对贫困问题将历史性地得到解决。

中华民族一家亲，同心共筑中国梦，这是全体中华儿女的共同心愿，也是全国各族人民的共同目标。

未来，民族团结进步创建将以铸牢中华民族共同体意识为主线，实行动态管理，不断改革创新，切实营造“中华民族一家亲”的浓厚氛围。

8

爱国统一战线

/ 时代内涵 /

爱国统一战线的内容，可概括为十六字方针：长期共存，互相监督，肝胆相照，荣辱与共。它是中国共产党领导的多党合作和政治协商制度的基本方针，也是中国共产党和各民主党派以及无党派人士团结合作的指导方针。

2015 年 4 月 30 日，中共中央政治局审议通过《中国共产党统一战线工作条例（试行）》。这也是中国共产党关于统一战线工作的第一部党内法规。

2017 年 10 月 18 日，党的十九大报告中指出，巩固和发展爱国统一战线。

2018 年 3 月 11 日，第十三届全国人民代表大会第一次会议通过宪法修正案。广泛的爱国统一战线包括：全体社会主义劳动者、社会主义事业的建设者、拥护社会主义的爱国者、拥护祖国统一和致力于中华民族伟大复兴的爱国者。

凝聚起最广泛、最雄厚的“爱国力量”

统一战线是中国共产党在中国革命中战胜敌人的一个重要法宝。

在革命、建设、改革各个历史时期，我们党始终把统一战线和统战工作摆在全党工作的重要位置，努力团结一切可以团结的力量、调动一切可以调动的积极因素，为党和人民事业的不断发展创造了十分有利的条件。

现在，我们党所处的历史方位、所面临的内外形势、所肩负的使命任务发生了重大变化。越是变化大，越是要把统一战线发展好、把统战工作开展好。

党的十八大以来，以习近平同志为核心的党中央把统一战线和统战工作摆在全党工作的重要位置，努力团结一切可以团结的力量、调动一切可以调动的积极因素，为党和人民事业不断发展创造了十分有利的条件。

统战工作的本质是要求大团结大联合。要高举爱国主义社会主义旗帜，牢牢把握大团结大联合的主题，坚持一致性与多样性相统一，找到最大公约数，画出最大同心圆。支持民主党派按照中国特色社会主义参政党要求更好地履行职能。全面贯彻党的民族政策、宗教政策，促进民族团结、宗教和睦。加强党外知识分子工作，做好新的社会阶层人士的工作。构建亲清新型政商关系，做好港澳工作、对台工作，广泛团结联系海外侨胞和归侨侨眷，共同致力于中华民族伟大复兴。

需要深刻认识到的是，统一战线工作是党领导的统一战线。新时代，做好统一战线工作，最根本的是要坚持党的领导，构建党委统一领导的大统战工作格局。

第八章

铸造坚不可摧的钢铁长城

加强国家安全教育和国防教育。

国家安全是安邦定国的重要基石。要加强国家安全教育，深入学习宣传总体国家安全观，增强全党全国人民国家安全意识，自觉维护政治安全、国土安全、经济安全、社会安全、网络安全和外部安全。要加强国防教育，增强全民国防观念，使关心国防、热爱国防、建设国防、保卫国防成为全社会的思想共识和自觉行动。要深入开展增强忧患意识、防范化解重大风险的宣传教育，引导广大干部群众强化风险意识，科学辨识风险、有效应对风险，做到居安思危、防患未然。

——《新时代爱国主义教育实施纲要》

1

总体国家安全观

/ 时代内涵 /

总体国家安全观是以人民安全为宗旨，以政治安全为根本，以经济安全为基础，以军事、文化、社会安全为保障，以促进国际安全为依托的中国特色国家安全体系。

2014年4月15日，习总书记主持召开中央国家安全委员会第一次会议。会上，习近平在讲话中首次提出总体安全观。

维护国家安全，是每个公民的责任

家事国事天下事，国家安全是头等大事！

新时代，我们坚持总体国家安全观，关键在“总体”，突出的是“大安全”理念，涵盖政治、军事、国土、经济、文化、社会、科技、网络、生态、资源、核、金融、生物、太空、深海、极地、人工智能、海外利益等诸多领域，而且随着社会发展不断拓展。

谈及该话题，很多人的心中存在一个误区：维护国家安全，是国家、军队等的责任和职责；这一话题距离自己太遥远、并没有多少关系。其实，国家安全问题切合每一个人的利益，离我们并不遥远。

新时代，国家安全早已不是习以为常的“小安全”——国土安全、军事安全、反奸抓谍等狭义概念，而是涵盖政治、经济、文化、社会、网络等多个领域，名副其实的“大安全”。简言之，国家安全与我们每个人的生活、工作等息息相关；维护国家安全，是每一个公民的责任和义务。

当前，除了传统安全威胁，如国家主权独立、领土完整等所面临的外部武力威胁，非传统安全威胁问题日益突出。其中，恐怖主义、跨国犯罪、环境安全、毒品威胁、自然灾害等非传统安全威胁，日益成为每一个国家必须直面、不容忽视的重要安全问题。

也正是在这样的背景下，2013 年 11 月，党的十八届三中全会决定，成立中央国家委员会。2015 年 1 月 23 日，中央政治局召开会议，审议通过《国家安全战略纲要》。同年 7 月 1 日，国家安全法颁布施行。诸多举措都旨在更好地适应我国国家安全所面临的新形势、新任务，建立集中统一、高效权威的国家安全体制，切实推进总体国家安全观。

特别值得一提的是，我国《宪法》第五十四条明确规定，中华人民共和国公民有维护祖国的安全、荣誉和利益的义务，不得有危害祖国的安全、荣誉和利益的行为。《国家安全法》第十一条明确规定，中华人民共和国公民、一切国家机关和武装力量、各政党和各人民团体、企业事业组织和其他社会组织，都有维护国家安全的责任和义务。

可以说，在任何时候，国家安全都是老百姓最“稳”的幸福。国家越安全，人民越有安全感；人民的安全意识越强，国家安全就越有依靠。

2

政治安全

/ 时 代 内 涵 /

政治安全，就是政治主体在政治意识、政治需要、政治内容、政治活动等方面免于内外各种因素侵害和威胁而没有危险的客观状态。政治安全是国家安全的根本，起决定性作用，是人们安居乐业的根本保障。

新时代，习总书记指出，政治安全涉及国家主权、政权、制度和意识形态的稳固，是一个国家最根本的需求，是一切国家生存和发展的基础条件。

政治安全是国家安全的根本

政治安全关乎党和国家的生死存亡。

政治安全好比心脏，起核心作用，决定和影响着国家的经济安全、军事安全、社会安全等各个领域的安全，是一个国家最根本的需求，是一切国家生存和发展的基础条件。

2010 年年底，所谓的“阿拉伯之春”动荡浪潮席卷中东、北非地区的

10余个国家，多国政权垮台。究其原因，政治安全脆弱，极易受到外部势力操纵和颠覆是一个重要因素。

时至今日，“阿拉伯之春”未能给民众带来美好生活，反而导致政权割裂、社会动荡、民不聊生。惨痛的事实和教训告诫我们：政治安全是国家安全的根本，离开了政治安全，国家安全就无从谈起。

需要清醒认识到的是：自新中国成立以来，社会主义政权就处在敌对势力的封锁和遏制之下。社会主义和资本主义两种意识形态、两种制度的较量始终未曾停歇。

直至今日，各种外部敌对势力也从未停止过对我国实施西化、分化战略，从未停止对中国共产党和我国社会主义制度进行各类破坏活动，甚至企图在我国策划“颜色革命”。比如，近年来，外部势力频频插手香港、台湾、新疆等我国内政，肆意捏造舆论、频频制造事端，严重影响我国的国家安全、政治安全。

2020年9月14日，在同德国欧盟领导人共同举行会晤时，习总书记指出，涉港、涉疆问题的实质是维护中国国家主权、安全和统一，保护各族人民安居乐业的权利。中方坚决反对任何人、任何势力在中国制造不稳定、分裂和动乱，坚决反对任何国家干涉中国内政。

一个国家对外不能独立自主，内部政治动荡就不可能维护自身利益，就不可能实现长远发展。政治安全的核心是政权安全和制度安全。在我国维护政治安全最根本的就是维护中国共产党的领导和执政地位，维护中国特色社会主义制度。

政治安全是人民安居乐业的根本保障，维护政治安全是各族人民的根本利益所在。没有政治安全这块基石，人民的美好生活就如同空中楼阁。新时代，我们必须矢志不渝坚持党的领导，矢志不渝坚持中国特色社会主义制度，强化意识形态工作，牢牢掌握维护国家政治安全的主动权。

3

新时代人民军队使命任务

/ 时代内涵 /

党的十八大以来，习总书记明确阐释了“新时代人民军队使命任务”：必须为巩固中国共产党领导和我国社会主义制度提供战略支撑，为捍卫国家主权、统一、领土完整提供战略支撑，为维护我国海外利益提供战略支撑，为促进世界和平与发展提供战略支撑。

军强才能国安

没有一支强大的军队，就不可能有强大的祖国。

人民军队是党亲手缔造的，听党指挥是我军与生俱来、不可分离的灵魂。巩固党的长期执政地位，保证社会主义江山永不变色，我军具有特殊重要的地位和作用。我军必须坚定地站在党的旗帜下，坚决维护国家政权安全、制度安全，坚决维护政治社会大局稳定。

我国拥有 2.2 万多千米陆地边界和 1.8 万多千米大陆海岸线，是世界上邻国较多、陆地边界较长、海上安全环境十分复杂的国家之一。同时，我国还没有实现祖国完全统一，同周边多个国家尚存在领土主权和海洋权益争端。捍卫国家主权，统一领土完整，是我军在新时代必须肩负的使命和任务。

2020 年 8 月，我国东部战区多军种多方向成体系出动兵力在台湾海峡及南北两端连续组织实战化演练，进一步检验提升多军种联合作战、捍卫国家主权统一和领土完整的能力。这次实战化的演练，就是针对台海安全形势和维护国家主权采取的必要行动。

祖国必须统一也必然统一。我们要尽最大努力争取和平统一，但不承诺放弃使用武力。解决涉及我国领土主权和海洋权益的争端，要讲求政策和策略，但我军必须做好随时打仗的准备，坚决捍卫国家核心利益。

新时代，我国全方位对外开放，越来越多的企业、机构和人员走出国门，我国的海外利益遍布全球。截至 2019 年底，仅中央企业境外单位就超过 1.1 万户，遍布 180 多个国家和地区，境外资产总额达 8.1 万亿元。海外安全保障成为我们必须解决的一个问题。新时代，我军应当不断增强保护我国海外公民、组织和机构的安全和正当权益的能力。

新时代，中国始终是世界和平的建设者、全球发展的贡献者、国际秩序的维护者，中国军队始终是维护世界和平的坚定力量。从 1990 年到 2020 年，中国是联合国安理会 5 个常任理事国中派出维和人员最多的国家。

未来，我军要适应国际体系变革、构建人类命运共同体的战略要求，积极履行责任和义务，为维护和平的国际环境和周边安全环境发挥更大作用。

4

防御性国防

/ 时 代 内 涵 /

防御性国防，是我国坚持走和平发展之路奉行的国防政策。

2019 年 7 月，国务院新闻办公室发表《新时代的中国国防》，在这本白皮书中指出：中国的社会主义国家性质，走和平发展道路的战略抉择，独立自主的和平外交政策，“和为贵”的中华文化传统，决定了中国始终不渝奉行防御性国防政策。

根本目标：坚决捍卫国家主权、安全、发展利益；鲜明特征：坚持永不称霸、永不扩张、永不谋求势力范围；战略指导：贯彻落实新时代军事战略方针；发展路径：坚持走中国特色强军之路；世界意义：服务构建人类命运共同体。

中国始终是维护世界和平的坚定力量

和平与发展，始终是时代的主题。维护世界和平不仅是我国对外政策的目标，也是全世界人民的共同愿望。

中华民族是崇尚和平的民族。和平的基因根植于民族内心，体现为维护和平的行动自觉。长期以来，中国军队同各国军队开展交流合作，提供丰富的国际公共安全产品，应对共同安全威胁和挑战。据统计，从1990年到2020年，中国军队连续30年向联合国派出维和人员，先后参加25项联合国维和行动，累计派出维和军事人员4万余人次。中国维和官兵无数次用实际行动赢得了尊重。2008年以来，我军先后派出37批护航编队前往亚丁湾、索马里海域执行护航任务，有效维护了国家利益和海上国际通道安全。

新冠肺炎疫情发生以来，中国军队在大力做好本国疫情防控的前提下，向国际社会提供力所能及的支持和帮助。截至2021年2月，中国军队已向莫桑比克、塞尔维亚、古巴、老挝等50个国家军队提供口罩、呼吸机等防疫物资，向柬埔寨、巴基斯坦等4国派出医疗专家组，与俄罗斯、新加坡等18国军队和国际组织召开疫情防控经验视频会议。

必须明确：中国走和平发展道路，坚持防御性国防的政策，不是权宜之计，不是外交辞令，而是中国人深刻认知“国虽大，好战必亡”的道理。

近些年来，随着中国经济社会的快速发展，综合国力的提高，国际上有些人戴着有色眼镜看中国，妄言中国崛起必然会走“国强必霸”的路子，无端抛出“中国威胁论”。实际上，这是对中国发展道路的歪曲与偏见。

中国近代史，是中华民族的屈辱史，也是反抗屠戮、赢得和平的奋斗史。中国人民不愿意再看到战争，更不会将自己曾经的悲惨遭遇强加于其他民族。

不管是过去、现在，还是未来，日益走近世界舞台中央的东方古国，依旧要走和平发展之路，依旧是维护世界和平的坚定力量。

5

世界一流军队

/ 时代内涵 /

全面建成世界一流军队，“建设一支听党指挥、能打胜仗、作风优良的人民军队”，是新时代党和国家的强军目标。

2017 年 10 月 18 日，习总书记在党的十九大报告中指出，同国家现代化进程相一致，全面推进军事理论现代化、军队组织形态现代化、军事人员现代化、武器装备现代化，力争到 2035 年基本实现国防和军队现代化，到 21 世纪中叶把人民军队全面建成世界一流军队。

强国必须强军

“犯我中华者，虽远必诛”“勇者无畏，勇者无敌”……近年来，《战狼》《红海行动》《湄公河行动》等一系列反映我国军队海外行动的大片热映，点燃了亿万国民对于强大人民军队的热血豪情。

近代百年惨痛历史告诫国人：落后就要挨打！而一个强大国家的背后

必须有一支强大的军队。强国必须强军，成为新时代民族复兴富强的必然选择。

新时代，强军建设必须坚持党的领导。听党指挥是我军攻无不克的制胜秘诀。无论时代如何变化，形势如何变化，都要毫不动摇坚持党对军队的绝对领导，确保部队绝对忠诚、绝对纯洁、绝对可靠。

战场从来没有亚军，打不赢一切等于零。新时代，“能打胜仗”是强军之要。军队的职责就是打仗，能打胜仗是军人的天职。建军 90 余年来，中国军队经历了 470 余次大的战役和难以计数的小规模战斗。可以说，在战斗的考验中，我军打败了一个又一个敌人，不断壮大、不断前进。新时代，面对纷繁复杂的世界形势，我军必须着力拓展和深化军事斗争准备，确保军队“召之即来、来之能战、战之必胜”。

党的十九大确立了到 2035 年基本实现国防和军队现代化，到 21 世纪中叶把人民军队全面建成世界一流军队的战略安排。

新时代，必须全面贯彻习近平强军思想，贯彻新时代军事战略方针，坚持政治强军、改革强军、科技强军、人才强军、依法治军，加快机械化、信息化、智能化融合发展，全面加强练兵备战，把新时代强军事业不断推向前进。

新时代，作风优良是强军之基。在抗日战争、解放战争中，我军之所以能够打败敌人，一个很重要的原因就在于建立了优良的作风。新时代，必须承继艰苦奋斗、敢打敢拼的优良传统，锻造钢铁纪律，在现代化军队建设中确保根基永固、优势永存。

强军之道，要在得人。人才资源是强军兴军的宝贵战略资源。党的十八大以来，我军大力实施人才强军战略，把培养干部培养人才摆在更加突出的位置，着力提升军队人才队伍建设水平。

未来，加快中国特色现代军事力量体系建设的步伐，必然更加坚定。未来，在中华民族伟大复兴的进程中，强军梦和强国梦必将交相辉映、相互托举。

6

创新型人民军队

/ 时 代 内 涵 /

创新型人民军队，是习近平主席提出的建军方略，是应对世界新军事革命挑战的必要之举，是打造世界一流军队的时代要求，是强国强军的形势所需，为新时代科技兴军和军队建设指明了前进方向、提供了根本遵循。

2017 年 10 月 18 日，习总书记在党的十九大报告中指出，要树立科技是核心战斗力的思想，推进重大技术创新、自主创新，加强军事人才培养体系建设，建设创新型人民军队。全面从严治军，推动治军方式根本性转变，提高国防和军队建设法治化水平。

“科技兴军”步伐正在加快

南昌城头的一声枪响宣告了人民军队的诞生。在不断砥砺前行的征程中，人民军队由过去单一的军种发展成为诸多兵种联合的强大军队，由过去落后装备武装起来的军队发展成为基本实现机械化、加快迈向信息化的强大军队。

人民军队一路走来，紧跟党和人民事业前进的步伐，在战斗中成长，在继承中创新，在建设中发展，取得了一个又一个胜利与发展。

毋庸置疑，科技是现代战争的核心战斗力，是建设创新型人民军队的强大驱动力。当今世界，新一轮科技革命和产业革命正在如火如荼地进行，科技进步在深刻改变着人类生产生活方式的同时，一场波及全世界的新军事革命热潮也滚滚而至。

目前，世界各主要军事强国均将科技进步作为提升战斗力的重要推动力，科学技术在军事领域的广泛运用正引起战争形态和作战方式的深刻变化。随着技术的日新月异，战争已经由血肉互搏、兵戎相见、快枪重炮、钢铁洪流发展为如今的信息主导、体系支撑、精兵作战、联合制胜，作战域加速向网络、电磁、深海、太空、极地等战略新疆域拓展。显然，一场围绕钻研军事关键技术、抢占未来战场制高点的攻坚战已然打响。

也正是在这样的背景下，以习近平同志为核心的党中央紧跟世界军事科技发展趋势，抓住机遇，乘势而上，以打赢信息化条件下的战争为要求，坚持向科技创新要战斗力，大力推动科技兴军，奋力开拓强军事业发展新境界。同时，明确了 2020 年、2035 年和 21 世纪中叶“三步走”的强军目标。

党的十九大报告明确要求：“树立科技是核心战斗力的思想，推进重大技术创新、自主创新，加强军事人才培养体系建设，建设创新型人民军队。”

近年来，我军全面实施科技强军战略，构建国防科技创新体系，不断突破关键核心技术。航空母舰、核潜艇等大国重器捷报频传，海军主力战舰加速更新换代；空军主力战机迈入以“歼-20”“运-20”为代表的“20”时代；东风系列战略导弹惊艳全球……

未来，我们要紧跟世界新军事革命发展趋势，聚力国防科技自主创新，加速战略性前沿性颠覆性技术发展，加速武器装备升级换代和智能化武器装备发展，大幅提高官兵训练科技含量，增强官兵科技素养。

7

军民融合

/ 时代内涵 /

军民融合，就是把国防和军队现代化建设深深融入经济社会发展体系之中，全面推进经济、科技、教育、人才等各个领域的军民融合，在更广范围、更高层次、更深程度上把国防和军队现代化建设与经济社会发展结合起来，为实现国防和军队现代化提供丰厚的资源和可持续发展的后劲。

2015 年，习近平首次提出把军民融合发展上升为中国国家战略。2017 年 1 月 22 日，中共中央政治局决定设立中央军民融合发展委员会。

军民融合任重而道远

更加注重军民融合，是推进新时代强军目标的路径选择。

把军民融合发展上升为国家战略，是我们长期探索经济建设和国防建设协调发展规律的重大成果，是从国家发展和安全全局出发作出的重大决策，是应对复杂安全威胁、赢得国家战略优势的重大举措。

2017 年 1 月 22 日，中共中央政治局召开会议，决定设立中央军民融合发展委员会，由习近平任主任。中央军民融合发展委员会是中央层面军民融合发展重大问题的决策和议事协调机构，统一领导军民融合深度发展，向中央政治局、中央政治局常务委员会负责。

习总书记在党的十九大报告中指出："坚持富国和强军相统一，强化统一领导、顶层设计、改革创新和重大项目落实，深化国防科技工业改革，形成军民融合深度发展格局，构建一体化的国家战略体系和能力。"

显然，军民融合深度发展的最终指向是构建一体化的国家战略体系和能力，就是要实现国家发展和安全兼顾、富国与强军相统一，经济建设和国防建设融合发展，经济实力和国防实力同步提升，增强国家综合实力和战略竞争力，维护国家主权、安全、发展利益。

国家军民融合创新示范区是推动军民融合深度发展的"试验田"，要以制度创新为重点任务，以破解影响和制约军民融合发展的体制性障碍、结构性矛盾、政策性问题为主攻方向，探索新路径、新模式，形成可复制、可推广的经验做法。

当下，从区域探索实践，到行业高歌猛进；从顶层统筹推进，到基层遍地开花，放眼全国，推进军民融合国家战略成效非凡。但是，前行之路依然任重而道远。

8

中国特色大国外交

/ 时代内涵 /

中国特色大国外交，是以习近平同志为核心的党中央统筹国内、国外两个大局，基于国内外新形势新任务而提出的战略思想和外交方针。

2014年11月28日，习近平在中央外事工作会议上指出，中国必须有自己特色的大国外交。

2016年3月第十二届全国人大四次会议上的政府工作报告提出，我们将继续高举和平、发展、合作、共赢的旗帜，践行中国特色大国外交理念，维护国家主权、安全、发展利益。中国特色大国外交首次被明确写入政府工作报告。

党的十九大报告进一步阐释了中国特色大国外交的内涵，明确中国特色大国外交要推动构建新型国际关系，推动构建人类命运共同体。

中国日益走近世界舞台的中央

外交，是国家意志的集中体现，更是提升国家形象的重要途径！

当今世界正处于深刻而又急剧的调整之中，传统强国和新兴国家之间的竞争与博弈更趋激烈，国际力量对比也发生了巨大的变化。可以说，随着我国综合国力和国际地位的不断提升，中国正日益走近世界舞台的中央，在国际事务中的影响力也越来越大。

长期以来，以世界贸易组织、世界银行和国际货币基金组织为主要载体的全球治理机制和平台，被欧美等少数西方发达国家所控制。西方发达国家凭借其所掌控的主导权、控制权，长期为本国或利益群体谋得巨大利益。

然而，21 世纪以来，以中国为代表的新兴市场国家和发展中国家，在全球化发展浪潮中迅速崛起，国际影响力不断增强。比如，中国、俄罗斯、印度、南非、巴西 5 个“金砖国家”，是当今世界发展最快的国家。近十年来，“金砖国家”对全球经济增长的贡献率超过一半，是世界经济、政治事务中的重要力量。

需要正视的是，随着中国综合国力不断壮大，国际上有些人开始频频制造事端。当前，以美国为首的西方发达国家不愿意，甚至无视包括中国在内的广大发展中国家的正当利益诉求，进而成为全球治理的障碍。比如，从 2017 年 1 月起，美国频繁退“群”，退出“跨太平洋伙伴关系协定”（TPP）、《巴黎协定》、联合国教科文组织等。美国拒绝承担应负的国际责任，引起国际社会的广泛谴责。显然，国际生活中的霸权主义、强权政治以及少数国家垄断国际事务的做法早已不合时宜。

推动全球治理体系变革乃大势所趋。中国也将与世界各国一道，秉持共商共建共享的全球治理观，高举多边主义旗帜，维护联合国权威和作用，充分发挥全球和区域多边平台的建设性作用，为破解“全球治理赤字”贡献中国智慧。

需要明确的是，中国人不接受“国强必霸”的逻辑。无论国际形势如何变化，无论自身如何发展，中国永不称霸、永不扩张、永不谋求势力范围，中国人民走和平发展道路的决心和意志永不动摇。

9

“一带一路”

/ 时 代 内 涵 /

“一带一路”是“丝绸之路经济带”和“21世纪海上丝绸之路”的简称。

2013年秋，国家主席习近平西行哈萨克斯坦、南下印度尼西亚，先后提出建设“丝绸之路经济带”和“21世纪海上丝绸之路”的重大倡议。

自此，秉承古丝路精神的“一带一路”从中国倡议变成全球行动，成为推动构建人类命运共同体的重要实践平台。

“一带一路”获得国际社会广泛认同

驼铃古道丝绸路，胡马犹闻唐汉风。

承载千古的“一带一路”，是和平之路、繁荣之路、开放之路、创新之路和文明之路，其顺应时代发展潮流和规律，更符合世界各国人民的共同利益和福祉。因此，“一带一路”倡议自提出便备受国际社会关注，得到了沿边国家的广泛响应。

“一带一路”倡议，秉承共商共建共享原则，是构建人类命运共同体的重要实践平台。共建“一带一路”是经济合作倡议，不是搞地缘政治联盟或军事联盟。不针对谁也不排除谁，是开放包容进程，不是关起门来搞小圈子或者“中国俱乐部”；是中国同世界共享机遇共谋发展的阳光大道，不是这样那样的所谓的“陷阱”，不是以意识形态划界，不搞零和游戏。只要世界各国有意愿，我们都很欢迎。

也许你并不知道：全球90%以上的贫困人口集中在“一带一路”沿线及其延长线上。探寻这些地区贫困的根源就在于发展不足。因此，“一带一路”倡议推动沿线国家实现政策沟通、设施联通、贸易畅通、资金融通和民心相通，打造国际经济合作走廊，共同建设运输发展大通道。显然，这为广大发展中国家提供了广阔的发展机遇和前景，也为沿线国家消除贫困、兴业致富带来了新希望。

据统计，2013—2018年，中国与“一带一路”沿线国家货物贸易进出口总额超过6万亿美元。其间，中国企业对“一带一路”沿线国家直接投资超过900亿美元，年均增长5.2%。中国在沿线国家完成对外承包工程营业额超过4000亿美元，沿线国家对华直接投资也超过400亿美元。另据世界银行2019年发表的《“一带一路”经济学》研究报告显示，到2030年，“一带一路”倡议相关的投资能够使760万人口摆脱极端贫困。

2020年，“一带一路”取得了新进展、新成效：全年与沿线国家货物贸易额达1.35万亿美元，同比增长0.7%（人民币计为1.0%），占我国总体外贸的比重达到29.1%。中欧班列的贸易大通道作用更加突显，全年开行超过1.2万列，同比上升50%，通达境外21个国家的92个城市，比2019年底增加了37个。国际陆海贸易新通道建设加快，合作规划编制等相关工作扎实推进。

截至 2021 年 1 月，中国与 171 个国家和国际组织，签署了 205 份共建“一带一路”合作文件，共同展开了数千个项目。

“一带一路”倡议根植历史，更面向未来。如今，“一带一路”犹如一条丝带，已经串起了沿线国家散落的珍珠，将为世界的繁荣发展增添更加美丽的光彩。

图书在版编目（CIP）数据

新时代企业职工爱国主义教育关键词 /《新时代企业职工爱国主义教育关键词》编写组编.
—北京：中国工人出版社，2021.11
ISBN 978-7-5008-7756-1

Ⅰ.①新…　Ⅱ.①新…　Ⅲ.①企业－爱国主义教育－研究－中国　Ⅳ.①D647

中国版本图书馆CIP数据核字（2021）第217823号

新时代企业职工爱国主义教育关键词

出 版 人	王娇萍
责任编辑	习艳群　赵静蕊
责任印制	栾征宇
出版发行	中国工人出版社
地　　址	北京市东城区鼓楼外大街45号　邮编：100120
网　　址	http://www.wp-china.com
电　　话	（010）62005043（总编室） （010）62005039（印制管理中心） （010）82027810（职工教育分社）
发行热线	（010）82029051　62383056
经　　销	各地书店
印　　刷	三河市国英印务有限公司
开　　本	710毫米×1000毫米　1/16
印　　张	13
字　　数	180千字
版　　次	2021年12月第1版　2021年12月第1次印刷
定　　价	39.00元